Lernkrimi Italienisch

AF634163

La mano della morte

Alessandra Mattanza

circon

Vokabeltraining
zum Buch!

Lerne die Vokabeln zu diesem Buch: Mit phase6, Deutschlands führenden Vokabeltrainer.

Mit phase6 übst du deine Vokabeln über Computer, Tablet und Smartphone mit Android oder iOS.

Der Circon Verlag schenkt dir die erste Vokabelsammlung zu seinen Büchern. Nur erhältlich über diesen Link (QR-Code).

www.phase6.de/s/a3416

Der beste Sprachtrainer für die Schule.

© Circon Verlag GmbH
Baierbrunner Straße 27, 81379 München
Ausgabe 2024
2. Auflage

Alle Rechte vorbehalten. Nachdruck, auch auszugsweise, nur mit ausdrücklicher Genehmigung des Verlages gestattet.

Redaktion: Isabella Bergmann
Fachkorrektur: Erica Dinale, Berikon (CH)
Produktion: Ute Hausleiter
Titelillustration: Karl Knospe
Lernkrimi-Logo: Carsten Abelbeck
Umschlaggestaltung und Gestaltung: red.sign GbR, Stuttgart

ISBN 978-3-8174-4347-5
381744347/2

Besuchen Sie uns auf Facebook und Instagram: circonverlag

www.circonverlag.de

Vorwort

Liebe Leserin, lieber Leser,

sicher zum Lernerfolg – mit Spaß und Spannung! Die Compact Lernkrimis mit ihrer Kombination aus fesselnder Lektüre und didaktischem Übungsanteil eignen sich hervorragend, um breite Sprachkompetenzen in der Fremdsprache zu erwerben. Der Lernende wird dabei durch die spannende Handlung, das angemessene Sprachniveau und den stetig ansteigenden Schwierigkeitsgrad der Übungen gefördert und motiviert. Ein ausführlicher Abschlusstest ermöglicht das Wiederholen und Festigen des Gelernten. In einem alphabetischen Glossar am Ende des Buches sind noch einmal übersichtlich alle Vokabeln zum Nachschlagen aufgelistet.

So lernen Sie mit Compact Lernkrimis:

- **Mit Begeisterung lernen:** Die packende Krimihandlung motiviert Sie beim Lesen des italienischen Originaltextes.
- **Wissen intensivieren und erweitern:** Durch die Kombination aus didaktisch aufbereiteter Lektüre und textbezogenen Übungen testen und trainieren Sie Ihre Sprachkenntnisse effektiv. Vokabelangaben auf jeder Seite unterstützen Sie beim Lesen.
- **Systematisch lernen:** Knüpfen Sie an Ihr individuelles Sprachniveau an und setzen Sie eigene Lernziele.
- **Unabhängig sein:** Lernen Sie individuell — wo und wann Sie wollen.

Viel Spaß beim spannenden **Erlernen der italienischen Sprache** wünscht Ihnen

Prof. Dr. Christiane Neveling
Didaktik der romanischen Sprachen, Universität Leipzig

Inhalt

Zu diesem Buch

Kommissarin Rosa Nicoletti bringt ihren Freund Ludovico zum Zug: Seiner Tante in Mailand geht es gesundheitlich nicht gut. Auf dem Bahngleis wird die Kommissarin plötzlich heftig von einem Mann angerempelt. „So ein Rüpel!" denkt Rosa Nicoletti verärgert. Umso erstaunter ist sie, dass sie wenig später genau diese Person in ihrem Büro wiedersieht: Der neue Kommissar wird ihr aus Mailand geschickt, denn seit Wochen kommen sie in einer Reihe von mysteriösen Morden nicht weiter. Werden sie dem unbekannten Täter auf die Spur kommen?

Die Ereignisse und die handelnden Personen in diesem Buch sind frei erfunden. Etwaige Ähnlichkeiten mit tatsächlichen Ereignissen oder lebenden Personen wären rein zufällig und unbeabsichtigt.

1 Un incontro inaspettato

Alla stazione di Venezia Santa Lucia c'è parecchio **trambusto** in questa mattina di primavera. Dopo la pandemia i turisti sono finalmente tornati, e sono moltissimi. Americani, cinesi, giapponesi, tedeschi, francesi e anche tantissimi italiani **si accalcano** tra i binari, i negozi, i caffè e i ristoranti.

La bellezza di questa stazione è che non appena si arriva all'uscita, Venezia **appare** come per miracolo davanti ai propri occhi in tutta la sua **luminosità**, come se fosse una meravigliosa cartolina, **svelando** la sua bellezza **incomparabile** al mondo.

E perfino l'aria diventa magica a Venezia... Non appena si scende dal treno, riempie le **narici** di un odore di **salsedine** forte e pregnante, quello tipico del mar Mediterraneo.

"Ogni volta che lascio Venezia il mio cuore piange," **confessa** Ludovico. "Perché devo allontanarmi da te, mia cara Rosa, e perché devo lasciare questa città che amo tantissimo e dove mi sento sempre me stesso. I suoi canali mi sono familiari, come i suoi *bacari* ℹ,

trambusto *m*	Gewühl, Durcheinander
accalcarsi	sich drängen
apparire	erscheinen
luminosità *f*	Leuchtkraft
svelare	enthüllen
incomparabile	unvergleichlich
narice *f*	Nasenloch
salsedine *f*	Salzigkeit
confessare	gestehen

ℹ **Bacari** sind typisch venezianische Gaststätten, in denen man ein Gläschen Wein (*ombra*) trinken und einen kleinen Happen (*cicchetto*) essen kann.

dove si possono gustare i cicchetti e un bicchiere di buon vino, i suoi campi con le panchine, le sue gondole che **solcano** silenziose le acque dei canali e della laguna, la musica che esce dalle chiese durante i concerti di Vivaldi... Ogni volta che parto, specialmente per andare a Milano, una Metropoli così grande, così urbana e poco marinara, mi sento come un pesce fuor d'acqua!" esclama.

> In Venedig gibt es nur einen Platz, der sich auch so nennen darf: Piazza San Marco. Alle anderen Plätze werden **campi** (wörtlich: Felder) genannt.

Rosa lo guarda e **sorride**: anche lei, in fondo, prova la stessa cosa.

Ludovico è in piedi sulla porta del treno Italo. Ha scelto la prima classe per evitare la **ressa** che riempie tutta la seconda classe. Guarda Rosa, che gli stringe le mani, sorridendogli ancora.

solcare	durchziehen
sorridere	lächeln
ressa *f*	Gedränge
indagare	ermitteln
consulente *m/f*	Berater(in)
combattere	bekämpfen

> Die Redewendung **(sentirsi come) un pesce fuor d'acqua** bedeutet, dass man sich in einer Situation unwohl fühlt, wie ein „Fisch auf dem Trockenen".

La luce del sole illumina da dietro i suoi capelli rossi, rendendola ancora più bella.

Rosa Nicoletti è uno dei commissari più famosi d'Italia, **indaga** e risolve i casi più difficili di tutto il paese, lavorando perfino come **consulente** per altri commissariati.

Ha combattuto la mafia,

> **Italo** ist ein privates Eisenbahnunternehmen und verbindet verschiedene italienische Großstädte mit Hochgeschwindigkeitszügen. Die Züge sind sehr effizient und pünktlich. Ohne Ticket und Sitzplatzreservierung kann man nicht in den Zug einsteigen.

serial killer, criminali piccoli e grandi: non **ha** mai **fallito** in tutta la sua lunga carriera.
Ludovico Lombardo è professore di storia contemporanea all'Università Ca' Foscari di Venezia. **Di recente**, dopo aver aiutato Rosa più volte a risolvere i casi più complicati, ha deciso di frequentare un corso di criminologia.

fallire	versagen
di recente	kürzlich
entrambi/e	beide
godersi	genießen
ansioso	besorgt
riprendersi da qc.	sich von etw. erholen
vedova *f*	Witwe

Dopo anni di amicizia e una lunga relazione, Rosa e Ludovico si sono finalmente sposati. Su una gondola, come tanto desiderava lei e come fanno ancora tanti veneziani.
Da allora la loro relazione è diventata più stabile e serena. Ludovico ha smesso di essere troppo geloso ed **entrambi** si sono concentrati sul loro lavoro, **godendosi** questa tranquillità.

> Bei **Verwandtschaftsbezeichnungen** im Singular steht kein bestimmter Artikel vor dem **Possessivadjektiv** (*mio, tuo* usw.): *mia zia* (meine Tante), *suo marito* (ihr/sein Ehemann) usw. Das gilt aber nicht für das Possessivadjektiv *loro: il loro zio* (ihr Onkel).

"Cerca di tornare presto. E speriamo che tua zia si senta meglio," dice Rosa con un sorriso, ma anche con una certa preoccupazione. Sa quanto Ludovico è **ansioso** e quanto la situazione è difficile per lui.
"Sì, speriamo. Non **si è** mai **ripresa dalla** morte del suo secondo marito. Dopo essere rimasta **vedova** di mio zio, aveva sposato questo professore di economia dell'università Boc-

> Der **Konjunktiv** (hier: *senta*) steht nach Verben und Wendungen, die ein Gefühl, eine Hoffnung, eine Unsicherheit oder eine persönliche Meinung ausdrücken. Z.B.: *Credo che..., penso che..., speriamo che...*

coni[i]. Per questo si è trasferita da Venezia a Milano, anche se il mare le manca tanto... Ma speravano di **invecchiare** insieme. Erano così felici..." **racconta** lui.

Esercizio 1: Preposizioni. Setzen Sie die untenstehenden Präpositionen in die Lücken ein!

per | di | su | di | in

1. Alla stazione ______ Venezia c'è molta gente.
2. Rosa e Ludovico si sono sposati ______ una gondola.
3. Nei bacari si può bere un bicchiere ______ buon vino.
4. Ludovico non è seduto, sta ______ piedi.
5. Rosa lavora ______ la polizia da molto tempo.

"Sì, avevano scelto quell'appartamento con vista sul Duomo di Milano, proprio in centro, perché entrambi amavano andare alla Scala a vedere l'opera, mangiare un risottino alla milanese al ristorante, andare a vedere una mostra o semplicemente prendere un caffè in Galleria... Si divertivano tanto insieme, proprio come noi!" commenta lei. Ludovico le stringe le mani e le dà un bacio sulla **fronte**.

invecchiare	alt werden
raccontare	erzählen
fronte *f*	Stirn
sospiro *m*	Seufzer

"E poi," dice lui con un **sospiro**. "E poi lui è morto di notte, d'infarto... e lei è rimasta di nuovo sola."

"Per fortuna avevano tro-

[i] Die Management-, Wirtschafts- und Finanzprogramme der **Universität Bocconi** in Mailand gehören zu den besten der Welt.

vato una **badante disposta** a vivere con loro e ad occuparsi di loro. Mia zia considera Olga quasi come una figlia, come sai. L'ha sistemata nella stanza degli ospiti. Avevano deciso insieme, perché essendo entrambi molto **anziani**, non volevano più stancarsi a pulire casa e a cucinare. Ma almeno così mia zia non è da sola adesso... Ha qualcuno che le fa compagnia," **aggiunge** lui.

badante *m/f*	(private/r) Krankenpfleger(in)
disposto	bereit
anziano	alt
aggiungere	hinzufügen

"Matilde è una donna forte, lo è sempre stata. Non avendo figli, ha sempre considerato anche te come un figlio. È molto importante che tu le stia vicino adesso," gli ricorda Rosa.
Mentre parlano, i due continuano a tenersi le mani quasi come fossero due giovani innamorati che si conoscono da poco.
Per Rosa provare tutti questi sentimenti e manifestarli è qualcosa di nuovo...

Esercizio 2: Piazze d'Italia. Jede Stadt hat seine eigene Piazza in Italien. Verbinden Sie!

1. ☐ Piazza San Marco	**a)** Firenze
2. ☐ Piazza Duomo	**b)** Pisa
3. ☐ Piazza della Signoria	**c)** Venezia
4. ☐ Piazza dei Miracoli	**d)** Roma
5. ☐ Piazza Navona	**e)** Milano

Rosa per molti anni ha scelto di concentrarsi quasi esclusivamente sulla sua carriera e sul suo lavoro.
Risolvere **omicidi** e combattere mafiosi non è facile e lascia poco tempo per curare bene una relazione.
Essere commissario di polizia è un lavoro pericoloso per lei, ma anche per le persone care che le stanno intorno.
Per molti anni Rosa aveva scelto di vivere da sola con Giuseppe, il suo gatto.

omicidio *m*	Mord
noto	bekannt
dato che	da
allontanarsi	sich entfernen
stomaco *m*	Magen
rassicurato	beruhigt

Essere un commissario donna così **noto**, del resto, è qualcosa di straordinario, **dato che** questa professione continua a essere principalmente maschile.
Gli ultimi casi sono stati difficili per Rosa. La pandemia ha fatto aumentare la povertà e la violenza in Italia.
Lei e Ludovico hanno rischiato più volte la vita.
Per questo ogni volta che Ludovico **si allontana**, non vede l'ora che torni[i].
"Sarò di ritorno prestissimo, prima che tu te ne renda conto... Speriamo che Matilde si riprenda rapidamente. Ieri sera pareva dovesse andare in ospedale, il suo **stomaco** era duro come il marmo. Ma poi ho chiamato Olga e lei mi ha detto che si era addormentata. Olga pensa che abbia mangiato qualcosa di sbagliato. Però non è la prima volta che succede, quindi è meglio che vada a controllare, anche se Olga ha detto che non serve. Anche tu mi hai consigliato di andare a vedere e così ho deciso di fare una sorpresa a mia zia," spiega lui.
Rosa sorride **rassicurata**.

> i: Nach **non vedo l'ora che** (es kaum erwarten können) folgt immer der Konjunktiv (hier: *torni*).

Matilde e suo marito avevano incontrato Olga a una festa di vip a Milano, durante la Fashion Week(i), la settimana della moda.

Die **Mailänder Modewoche** findet viermal im Jahr statt. Modedesigner wie zum Beispiel Gucci, Armani, Prada, Fendi, Dolce & Gabbana stellen ihre neuesten Kollektionen vor.

In quell'occasione accompagnava una vecchia attrice di novant'anni che aveva bisogno di aiuto per camminare, ma amava ancora andare alle feste.
Sia a Matilde che a suo marito aveva fatto un'ottima impressione.
Matilde le aveva dato il suo numero di cellulare, dicendole di chiamare se un giorno avrebbe potuto lavorare per loro.
Come per miracolo, qualche settimana dopo Olga le aveva telefonato.
L'anziana attrice era tristemente morta di vecchiaia e Olga era alla ricerca di un nuovo lavoro e di una nuova casa.

accogliere	aufnehmen
fidarsi di qu.	jmd. vertrauen

Così Matilde e suo marito l'avevano **accolta** in casa.
Era stata una fortuna, perché poco dopo il marito di Matilde si era ammalato di cuore e Olga era stata molto utile a tutti e due.
"Sì, so che volevi avvisare Olga della tua visita, ma sono certa che sarà contenta di vederti! In fondo, è anche casa tua! Tua zia ti ha sempre tenuto una stanza libera per quando andavi a Milano a trovarla o per lavoro, per collaborare con altre università," aggiunge Rosa.
Rosa aveva sempre considerato Olga una buona persona **di** cui poter **fidarsi**; quindi era certa che sarebbe stata contenta di vedere Ludovico.
"Hai ragione! Hai ragione anche nel pensare che magari Olga

lo avrebbe detto a mia zia e non sarebbe più stata una sorpresa! Olga è una cara persona, ma è russa, molto passionale e diretta. Molto spesso parla troppo e **si lascia sfuggire** le cose. È stato meglio non dirle niente, proprio come hai consigliato tu," dice lui. "Spero solo che mia zia stia meglio," aggiunge poi. Rosa legge la tristezza e il **timore** nei suoi occhi e gli **si avvicina** per dargli un bacio.

Ma in quel momento...

"Ahii!!!" grida Rosa. "Ma che modo di fare è?!?"

Un signore con cappello e **doppiopetto** nero **si è infilato** di corsa tra Rosa e Ludovico.

È molto basso e robusto, **indossa** un paio di occhiali dalla montatura nera e dalle lenti spesse.

Pestando un piede a Rosa e spingendo agitato con le braccia, ha separato le mani da quelle di Ludovico, che ancora si **stringevano**...

lasciarsi sfuggire qc.	sich etw. entschlüpfen lassen
timore *m*	Angst, Furcht
avvicinarsi	sich nähern
doppiopetto *m*	Zweireiher
infilarsi	sich dazwischenschieben
indossare	anhaben
pestare	treten
stringere	drücken
temere	fürchten
ombra *f*	Schatten
folla *f*	Menschenmasse

Probabilmente non se n'è nemmeno accorto, perché sta parlando con qualcuno al telefonino.

"Scusarsi no?" urla ancora Rosa all'uomo.

Ma l'uomo sta correndo velocemente verso il vaporetto, che probabilmente **teme** di perdere, e non risponde.

In pochi istanti è già un'**ombra** che si muove tra la **folla**.

"Stai bene, Rosa?" le chiede Ludovico.

È sceso dai gradini della porta del treno.

"Il treno è in partenza, si pregano tutti gli accompagnatori di scendere," annuncia l'autoparlante della stazione.

"Tutto bene, caro Ludovico. Vai... vai... risali... il treno parte..." lo rassicura Rosa. "Se avessi più tempo, inseguirei quell'uomo(i) e gli chiederei di scusarsi con te... È stato un vero maleducato!" dice lui.

osservare	beobachten
accomodarsi	Platz nehmen

Se avessi (wenn ich hätte - Konjunktiv) *più tempo, inseguirei* (würde ich verfolgen – Konditional 1) ... ist ein typischer **Bedingungssatz** (*wenn ... dann...*). Nach *se* steht nie das Konditional, sondern immer der Konjunktiv.

Rosa l'**osserva** dalla piattaforma della stazione finché non **si accomoda** in un posto vicino al finestrino. Gli manda un bacio con la mano, mentre con l'altra gli fa segno di chiamarla quando arriva a Milano.

Esercizio 3: Vero o falso? Welche Aussagen sind richtig? Kreuzen Sie an!

1. Ludovico parte per la provincia di Milano. ❐

2. Rosa Nicoletti è un famoso commissario di polizia. ❐

3. La mamma di Ludovico è malata. ❐

4. Matilde vive da sola a Milano. ❐

5. Matilde ha un figlio. ❐

2 L'uomo del mistero

Il cielo è limpido e di un colore azzurro **acceso**.
Rosa si gode la **brezza** fresca del mattino mentre **si reca** alla nuova sede del commissariato presso il Ponte di Rialto. Telefona per **avvisare** che ha una mezzoretta di ritardo.
"Per favore, Rosa! Venga al più presto!" si sente dire da Edoardo, il suo segretario.

Esercizio 4: Traduzioni. Lesen Sie weiter und übersetzen Sie die markierten Wörter!

Rosa **1.** beschließt ________________ di prendere un taxi d'acqua per arrivare più velocemente, dato che non le piace essere troppo in **2.** Verspätung ________________ ed è un po' **3.** besorgt ________________ per quello che ha detto Edoardo al telefono.

4. Normalerweise ________________ è molto precisa e cerca sempre di arrivare puntuale, ma sa anche che Matilde è molto importante per Ludovico. La **5.** Tante ________________ lo chiama almeno una volta al giorno, specialmente adesso che non sta bene. Ma ieri non lo aveva fatto e per questo era stato lui a chiamarla **6.** bevor ________________ di andare a dormire.

A Matilde piace guardare film in televisione fino a quando si addormenta e non le **capita** mai di andare a dormire presto la sera.

acceso	leuchtend
brezza *f*	Brise
recarsi	sich begeben
avvisare	Bescheid geben
capitare	passieren
lenzuolo *m*	Bettlaken
agitare	*hier:* bewegen
incalzante	*hier:* nachwippend
avanzare	sich fortbewegen
al volo	flugs
sbrigarsi	sich beeilen
evidenziare	betonen

Per questo Ludovico ha avuto difficoltà a dormire tutta la notte.
Rosa lo sa bene, perché da quando dividono un grande letto, lui se non riesce a dormire tira tutto il **lenzuolo** dalla sua parte e lei rimane scoperta.
Rosa sorride pensando a questo e a certe loro abitudini nella quotidianità, mentre il vento le **agita** i capelli al ritmo **incalzante** del taxi che **avanza** velocemente lungo il Canal Grande.
Rosa vede il Ponte di Rialto, dove si stanno aprendo le porte dei negozi di souvenir e artigianato.
Scende **al volo** dal taxi e si reca al commissariato.
Non appena entra, nota subito che c'è qualcosa di strano.
Edoardo le fa segno di **sbrigarsi**...
"Rosa, qualcuno La sta aspettando nel Suo studio. Dice che aveva un appuntamento con Lei stamattina presto alle 9. Gli ho detto che sarebbe arrivata in ritardo per un problema di lavoro e gli ho offerto di andare a prendere un caffè di sotto a nostre spese, dato che la macchinetta per il caffè non è ancora arrivata. Come sa ci siamo appena trasferiti. È tutto nuovo, ma mancano ancora tante cose..." **evidenzia** lui.
Edoardo è da poco al commissariato. Rosa lo ha scelto perché ha dimostrato una pronta intelligenza, una grande preparazione in criminologia e molto istinto per i casi.

"Buongiorno, Edoardo! Come va? Cosa è successo? Sono sicura che non avevo appuntamenti alle 9," dice lei.
Edoardo le **fa cenno** con la mano di non parlare, perché la porta dell'ufficio di Rosa è aperta e il suo ospite la può sentire.
"Rosa, forse non ha sentito ancora i suoi messaggi telefonici. Le ho lasciato un messaggio stamane alle 8. Abbiamo un ospite che è arrivato improvvisamente da Milano. È un'emergenza, qualcosa di importante che richiede la Sua attenzione. Una questione assolutamente prioritaria," precisa Edoardo. "Come il Suo ospite **ha sottolineato** almeno tre volte..." aggiunge subito dopo.

fare cenno	einen Wink geben
sottolineare	*hier:* betonen; unterstreichen
ometto *m*	Dreikäsehoch
rozzo	derb, unkultiviert
incurante	unbekümmert
irrisolto	ungelöst

"Non ho ancora sentito i messaggi. Ho avuto anch'io un'emergenza," risponde lei, e si reca subito nel suo studio.
Non appena entra non crede ai suoi occhi.
Di fronte a lei c'è quell'**ometto** antipatico e **rozzo** della stazione, proprio quello che le ha pestato il piede mentre correva verso i vaporetti **incurante** di tutto e tutti.
Rosa sa che non può essere un criminale.
Deve di certo essere qualcuno della polizia.
Improvvisamente le tornano in mente alcuni articoli che ha letto di recente su troppi casi **irrisolti** a Milano.

stamane oder *stamattina* bedeutet das Gleiche: heute Morgen.

Non appena lui la vede, salta in piedi e si mette sull'attenti con una mossa quasi da militare.
"Buongiorno! Commissario Nicoletti," si presenta Rosa.

"Buongiorno! Commissario Giacinto Malvisto!" **ribatte** lui **seccato** per il ritardo.
"Malvisto? Ho davvero capito bene? Giacinto(i)? Come il fiore?" pensa Rosa con una certa ironia.

Esercizio 5: Fiori. **Wie heißen die Blumen auf Italienisch? Verbinden Sie!**

1. ☐ girasole	a) Hyazinthe
2. ☐ giacinto	b) Tulpe
3. ☐ tulipano	c) Nelke
4. ☐ garofano	d) Sonnenblume

L'uomo è molto basso, forse un metro e cinquanta. Ma c'è qualcosa di forte nel suo corpo. Le braccia sono muscolose come quelle di un body builder, i capelli sono rasati a zero come quelli di un soldato, ma gli occhiali sono spessi come quelli di un intellettuale.

ribattere	erwidern
ϟ **seccato**	genervt
mettere qu. a disagio	jmd. Unbehagen bereiten
affrettarsi	sich beeilen
stretta *f* **di mano**	Handschlag
poderoso	mächtig, gewaltig

Rosa sa di essere molto più alta di lui e non vuole **metterlo a disagio**. **Si affretta** quindi a stringergli la mano per sedersi al più presto.

(i) **Giacinto** ist nicht nur ein italienischer Name, sondern auch die Bezeichnung für den Frühjahrsblüher Hyazinthe.

"Ahii!!" urla lei, proprio come alla stazione.
Il commissario Malvisto ha una **stretta di mano** forte e **poderosa**, quasi violenta, che fa male a Rosa.

indispettito	ungehalten, verärgert
proporre	vorschlagen
sorprendere	überraschen
rivelare	enthüllen
mentire	lügen
odiare	hassen

Ma anche questa volta lui non si scusa. Torna invece a sedersi, pronto per cominciare la riunione con un'aria **indispettita**.
Rosa si affretta a sedersi dietro alla scrivania.
"Ho sentito molto di parlare di Lei, commissario Nicoletti. Finalmente ci conosciamo," comincia lui.
"La prego, mi chiami Rosa. Visto che forse lavoreremo insieme, è meglio se ci diamo del tu e ci chiamiamo per nome..." **propone** lei.
"Se non Le dispiace, preferirei che ci chiamassimo con i nostri titoli," risponde lui.
"Certo, se preferisce, commissario Malvisto..." dice lei sorpresa.
Di solito in polizia tra colleghi si cerca di privilegiare il lavoro di squadra e non le gerarchie. O almeno così la pensa lei...
Quello che **sorprende** Rosa è di non aver mai sentito il suo nome.
Normalmente i commissari nel Nord d'Italia si conoscono, almeno di nome. Di quest'uomo Rosa, invece, non ha mai sentito parlare.
Deve essere stato nominato da poco.
"Nulla di personale, ma ci tengo alla mia privacy. E poi il mio nome..." si lascia scappare lui, mostrando un'improvvisa e inaspettata voglia di **rivelare** qualcosa di importante.
"Non trovo nulla di sbagliato nel suo nome..." risponde lei.
Rosa sta chiaramente **mentendo**, dato che da subito ha avvertito qualcosa di strano in quel nome.
"**Odio** letteralmente i giacinti, al punto che questa mia avver-

sione mi ha fatto diventare allergico al loro forte profumo... Ogni volta che lo sento comincio a grattarmi," precisa lui.
A Rosa **sta per scappare** una risatina, perché la situazione è troppo ridicola. Ma **si trattiene**.
"Strano... A molta gente piacciono," **azzarda** lei.
"Beh... Io li odio. Mia madre li amava, per questo i miei genitori mi hanno dato questo nome. Ma poi mia madre un giorno ha lasciato improvvisamente me e mio padre, quando io avevo solo sei anni. Mia madre veniva dalle Filippine e a un certo punto non ce l'ha più fatta a vivere a Milano. È voluta tornare nel suo paese d'origine. Ricordo ancora il momento in cui, con una valigia rossa nella mano destra, mi **ha abbracciato** piangendo e se n'è andata **sbattendo** la porta... Mi ha lasciato solo dietro alla porta chiusa. Mio padre era al lavoro, era un medico ed era tutto il giorno in ospedale. Mi ha trovato la sera accanto a quella porta. Come un cane abbandonato dal padrone, ero rimasto tutto il giorno ad aspettare che lei tornasse..." racconta il commissario.
Rosa resta stupita(i) da tanta confidenza in un uomo così **scontroso**, che praticamente non conosce e che le ha appena detto di voler **tutelare** la sua privacy.
Come se l'avesse sentita, aggiunge: "Tutto quello che Le ho raccontato è naturalmente strettamente confi-

stare per scappare	dabei sein zu entkommen
trattenersi	sich zurückhalten
azzardare	wagen
abbracciare	umarmen
sbattere	zuschlagen
scontroso	abweisend, widerspenstig
tutelare	schützen

(i) Verwechseln Sie **stupito** (erstaunt) nicht mit *stupido* (dumm, doof). Abgesehen von der unterschiedlichen Schreibweise, unterscheidet sich auch die Betonung: **Stupito** wird auf der vorletzten Silbe betont und *stupido* auf der ersten Silbe.

denziale, ma dato che lavoreremo insieme ho creduto di doverle questa spiegazione. Così potrà comprendere meglio il mio modo di fare e la mia **diffidenza** verso tutti."

diffidenza *f*	Misstrauen
spalancare	aufreißen
sguardo *m*	Blick
incupirsi	verdüstern
imbattersi in qu.	auf jmd. stoßen
pugno *m*	Faust
dare fastidio	stören

"Cosa Le disse sua madre quel giorno prima di andarsene?" chiede Rosa.

"Come fa a sapere che mi disse qualcosa?" ribatte lui **spalancando** gli occhi dietro quelle sue spesse lenti.

"È stato solo un pensiero. Io direi qualcosa a mio figlio se fossi madre e dovessi lasciarlo..." risponde Rosa.

"Questo significa che Lei non ha figli. Questo spiega il Suo grande successo sul lavoro. Nessun legame..." commenta lui. "O quasi..." aggiunge dopo un attimo di pausa.

"'Sei forte, ce la farai[i]... Sai che ti amo.' Questo mi ha detto," aggiunge subito dopo.

Ma il suo **sguardo si incupisce**.

"Certo che Lei è brava a far parlare le persone..." dice con un certo risentimento nel tono della voce. "O forse dipende dal rispetto che porto per Lei, perché è stata in grado di chiudere casi molto difficili... Anch'io, sa, ho risolto casi complicatissimi," fa presente lui.

> Das Wort **farcela** besteht aus dem Pronominalteil *ce la* und dem Verb *fare*, das ganz normal konjugiert wird, z.B. *Ce la fai? – Sì, ce la faccio* (Ja, ich schaffe es).

"Era Lei la donna alla stazione **in** cui **mi sono imbattuto**, vero? Per questo è arrivata in ritardo al commissariato e ha dimenticato di ascoltare i messaggi sul suo telefono? Per un uomo?" domanda lui.

Rosa stringe i **pugni** sulla sedia. Le **dà fastidio** che uno sconosciuto conosca già i suoi fatti personali.

"Lo sa che per una mancanza come questa qualcuno potrebbe anche morire? Probabilmente Lei non **viene dalla gavetta**... Sa io prima di diventare commissario – e lo sono divenuto solo di recente dopo aver scoperto un grosso traffico di droga – sono stato poliziotto per le strade di Milano. Avevo il **turno** di notte. **Ne ho viste di tutti i colori**. Ho rischiato anche la vita. Sono stato **ferito** gravemente un paio di volte. Una volta sono stato in coma per un mese per ferite da **colpi di arma da fuoco**, sono quasi morto. Per questo, ora, prendo il lavoro del commissario molto sul serio..." continua lui.

ϟ **venire dalla gavetta**	sich von unten hocharbeiten
turno *m*	Schicht
vederne di tutti i colori	die unglaublichsten Dinge erleben
ferito	verletzt
colpo *m* **di arma da fuoco**	(Waffen)schuss
venire al dunque	zur Sache kommen
insolente	frech, pampig

"Beh, io non Le ho chiesto proprio nulla. In realtà è Lei che ha sentito il bisogno di aprirsi. La ringrazio di essersi fidato di me," replica Rosa.

"È davvero brava a far credere agli altri di potersi fidare di Lei... Complimenti!" dice lui per cercare ancora di provocarla e di litigare.

"La ringrazio del suo ulteriore commento. Comunque, dato che entrambi non vogliamo perdere tempo... Mi dica[i]: perché è qui? **Veniamo al dunque**..." propone lei ignorando il tono **insolente** di lui.

Dica ist der unregelmäßige Imperativ (Befehlsform) des Wortes *dire*, wenn man sich siezt. Weitere unregelmäßige Imperative in der 3. P. Sg. sind z. B.:
sia (von *essere*) – *Sia puntuale!*
Abbia (von *avere*) – *Abbia fiducia!*
Faccia (von *fare*) – *Faccia piano*!

Esercizio 6: Opposti. Wie lautet das Gegenteil der Substantive?

1. amore ____________________

2. puzza ____________________

3. puntualità ____________________

4. disoccupazione ____________________

3 Troppi decessi sospetti

Il commissario Malvisto comincia a parlare e a descrivere il caso in modo chiaro e accurato.
Rosa osserva le sue mani che **si incrociano** l'una sull'altra mentre parla.
"Prima di tutto le faccio presente che sono stati i miei superiori a **impormi** di venire a cercarLa a Venezia. Io ero sicuro di risolvere il caso da solo. Ma sono nuovo e non si fidano ancora totalmente di me," spiega.
"Mi lasci **indovinare**... Lei è venuto qui per parlarmi di questi decessi di persone anziane a Milano. In principio, essendo casi isolati **sparsi** per tutta la metropoli, nessuno **si è insospettito**. La polizia ha pensato che fosse una **coincidenza**... Ma adesso le morti sono diventate troppe," continua Rosa **interrompendo** la sua spiegazione.
"La mia teoria è che tutto è cominciato nel periodo della pandemia. L'**assassino** ha cominciato a operare allora. Abbiamo scoperto appartamenti dove **sono spariti** gioielli e altri oggetti preziosi, spesso di antiquariato. Si trattava di anziani che vivevano da soli, spesso senza figli o parenti. Ma erano tutti bene-

decesso *m*	Todesfall
sospetto	*hier:* verdächtig
incrociarsi	sich überkreuzen
imporre	vorschreiben
indovinare	raten
spargere	verteilen
insospettirsi	Verdacht schöpfen
coincidenza *f*	Zufall
interrompere	unterbrechen
assassino *m*	Mörder
sparire	verschwinden

stanti... E, in principio, le loro morti parevano naturali," continua a raccontare Malvisto.

"Come avete fatto a **rendervi conto** che c'era qualcosa che non andava?" domanda Rosa.

rendersi conto	*hier:* bemerken
sostituire	ersetzen
accertato	bestätigt
monte *m* **dei pegni**	Pfandverleih
deceduto	verstorben
erede *m/f*	Erbe, Erbin
omicida *m/f*	Mörder(in)

"In realtà sono stato io... Il commissario precedente è andato in pensione. L'**ho sostituito** solo un mese fa. Vivo da solo e sono stato cresciuto da mio padre, che è morto l'anno scorso a 90 anni. In parte mi sono occupato io di lui, è venuto a vivere con me. Ho una certa esperienza di persone anziane quindi. Mi sono reso conto che molte delle morti che venivano **accertate** come naturali in realtà non lo erano ..." risponde il commissario.

"Ma in che senso quelle morti erano sospette? Come ha fatto a capirlo?" chiede lei.

"Beh, un giorno è arrivato al commissariato un uomo che aveva portato al **monte dei pegni** l'anello di una ricca vedova. La sua famiglia lo cercava. Molti di questi anziani **deceduti** erano soli, ma alcuni avevano comunque degli **eredi**. Penso che in molti casi non si siano accorti che mancava qualcosa, perché non andavano quasi mai a trovare la persona anziana. In questo caso, però, gli eredi sono stati fortunati. Era un anello di famiglia, antico, con un'assicurazione. Il notaio si è accorto che mancava e li ha avvisati..." continua a raccontare lui.

"Ma allora ha già trovato l'**omicida**, il ladro?" chiede Rosa, sempre più curiosa.

"No, non era lui ad aver rubato l'anello. Ha detto di averlo comperato da un antiquario a Brera. Sono andato dall'antiquario ed è risultato che lui aveva ricevuto l'anello da un medico. Purtroppo, non siamo riusciti ancora a **rintracciare** il medico. L'anziana era sola e non aveva un'agenda con nomi e indirizzi, o forse l'aveva presa l'omicida... Abbiamo verificato, ma non sembrava essere sotto cura medica: non aveva ricette, non prendeva medicinali. Anzi, era in buona salute. È stato questo a farmi insospettire..." spiega lui.

Brera ist ein elegantes Stadtviertel im Zentrum von Mailand mit zahlreichen Restaurants, historischen Palästen und traditionellen Künstlerboutiquen.

Rosa comincia a prendere nota su un foglio di carta di alcuni elementi che sembrano non chiari.

rintracciare	erreichen
obitorio *m*	Leichenhalle
cimitero *m*	Friedhof
sussultare	zusammenzucken

"Quanti altri decessi sospetti di questo tipo ha trovato?" chiede Rosa.

Pensa a come sia difficile indagare tra tutti gli ospedali, gli **obitori** e i **cimiteri** di una città grande come Milano.

"Ho cercato solo i decessi di persone anziane che risultavano in salute e che invece erano morte improvvisamente dopo due, tre settimane. Ce ne sono stati almeno due o tre al mese, per almeno due anni e sempre nella stessa zona, i palazzi del centro presso il Duomo..." risponde lui.

Rosa **sussulta**.

Pensa subito allo zio di Ludovico: anche lui è morto d'infarto dopo solo due settimane e pareva stare bene in quel periodo. Aveva cominciato una nuova cura medica per il cuore che sembrava molto efficace. Poi, improvvisamente, è morto nella notte.

"Tra questi c'era anche un uomo di nome Alberto?" domanda Rosa.

"Non so, non li ricordo tutti. Anche se le loro fotografie, i loro volti, mi sono rimasti **impressi** nella memoria. Per caso ha una fotografia di questa persona? La conosceva bene?" si affretta a chiedere lui.

Rosa tira fuori il suo portafoglio rosso.

impresso	eingeprägt
folto	dicht

Lo apre e dentro trova una fotografia dello scorso Natale, purtroppo portavano tutti ancora la mascherina.

"Ho questa fotografia, ma non so se lo riconosce con la mascherina. È l'uomo con i capelli grigi **folti**," dice lei.

"Certo!" risponde subito lui. "Riconosco le persone dagli occhi. Quest'uomo era un professore della Bocconi, un docente molto rispettato."

"Era il marito della zia di mio marito. Anche lei si è sentita improvvisamente male ieri sera. Temo che possa essere in pericolo. Mio marito è l'uomo che ha visto con me alla stazione stamattina. Ora è sul treno per Milano. Spero che non arrivi troppo tardi..." dice Rosa preoccupata.

"Dobbiamo andare subito a Milano!" replica Malvisto alzandosi in piedi.

Esercizio 7: Parole della stessa famiglia. **Welche Substantive haben denselben Stamm wie die Verben?**

1. cercare ______________________
2. verificare ______________________
3. vivere ______________________
4. morire ______________________

4 Milano di sangue

"Ludovico? Ludovico? Mi senti?" dice Rosa stressata.

Il commissario Malvisto sta guidando veloce una Fiat nera che in poco tempo dovrebbe portarli a Milano.

"Non troppo bene..." risponde Ludovico. "Sono ancora in treno."

aggiornarsi	sich auf dem Laufenden halten
inquietarsi	sich beunruhigen

"Ti ho spiegato tutto in un'e-mail e in alcuni messaggi vocali," cerca di spiegare lei.

"Lo so, Rosa, mi hai lasciato circa dieci messaggi e la tua e-mail è lunghissima e confusa. Stavo leggendo prima il *Corriere della Sera* (i) per **aggiornarmi** sulle notizie," risponde lui. "Ma cosa succede? Ci sono problemi?" domanda ora preoccupato.

"Per favore, leggi l'e-mail e ascolta tutti i messaggi. Non **inquietarti**, ma sono in macchina con il commissario Malvisto di Milano. Mi ha raggiunto per indagare su un assassino di anziani. Ci sono state troppe morti sospette. Temiamo che tra queste ci sia anche quella di tuo zio. Ci vediamo a casa di tua zia. Dovremmo arrivare alla stessa ora," spiega Rosa.

"Cosa? Ma allora anche mia zia è in pericolo?!?" domanda Ludovico agitato al telefono.

"Per favore, Ludovico, la situazione è molto delicata e complicata, forse lei sta bene adesso e il suo caso

> (i) Der **Corriere della Sera** ist die am weitesten verbreitete und auflagenstärkste italienische Tageszeitung mit Sitz in Mailand.

non ha nulla a che fare con tutto questo. Ma è meglio controllare," precisa Rosa.

In quel mentre...

"Ahhhhh! Ma cosa sta facendo?!? Vuole **uccidercі** entrambi?" grida Rosa.

"Rosa! Rosa! Sei in pericolo?" grida Ludovico.

La comunicazione telefonica cade.

Rosa si attacca alla **maniglia** di sicurezza dell'automobile, perché il commissario Malvisto ha tirato fuori una sirena d'emergenza dalla sua valigia e ha cominciato a correre sull'autostrada come un **folle**.

uccidere	umbringen
maniglia *f*	Griff
folle *m/f*	Verrückte(r)
minacciare	drohen
denunciare	anzeigen
inseguimento *m*	Verfolgung
rallentare	langsamer werden
giurare	schwören
accostare	*hier:* parken
ammonire	warnen

"Giacinto! Giacinto!!! Pensa di essere un pilota di Formula 1? Per favore, può rallentare? Se moriamo in un incidente stradale non possiamo di certo salvare più nessuno!" grida ancora Rosa.

Ma lui non la ascolta e continua la sua corsa folle tra le altre automobili a una velocità pazzesca.

I suoi occhi sono fissi sulla strada.

A quel punto Rosa, disperata, lo **minaccia**:

"Guardi, Giacinto, o si ferma o La **denuncio**! Ha perso il controllo. Non è da solo in macchina!"

"Rosa, si deve fidare di me. Ho anni di esperienza in **inseguimenti** sulle strade di Milano, ben più difficili di questo..." risponde lui con la voce calma.

"Siamo un pericolo per gli altri, oltre che per noi stessi. **Rallenti**! **Giuro** su mio marito che se non rallenta La denuncio. **Accosti** nella corsia di emergenza e si fermi!" lo **ammonisce** Rosa.

Lui la guarda e, anche se **di malavoglia**, **obbedisce**.
"Adesso scenda e mi lasci guidare. Lei ha dei problemi. È chiaramente troppo stressato! Sta perdendo il contatto con la realtà. Non siamo in un film poliziesco, questa è la vita vera. Essere un bravo poliziotto non vuol dire solo sapere risolvere un caso, ma anche avere rispetto e responsabilità per tutte le vite che ci circondano," gli fa notare Rosa.
Il commissario Malvisto esce dalla vettura e apre la portiera di Rosa.
Per un attimo c'è un **silenzio di tomba**.
"Rosa, mi scusi. Sono stato un idiota[i]. La prego di scusarmi. È che negli ultimi anni, per **sventare** un traffico di droga ho lavorato **sotto copertura**. Spesso da solo. Voglio prendere questo assassino a tutti i costi. Gli anziani sono come i bambini, fragili e **indifesi**... Odio chi si prende gioco degli indifesi," confessa.
Rosa passa velocemente al posto di guida.
Nel frattempo, il suo telefono ha continuato a **squillare**. È Ludovico che cerca di chiamarla.
Rosa guida veloce ma in modo sicuro.
"Giacinto, può per favore rispondere a mio marito Ludovico e dirgli che sua zia non è per ora in pericolo e che la raggiungeremo presto? Puoi dirgli che abbiamo la situazione sotto controllo?" domanda lei.
"Ma non abbiamo ancora la situazione sotto controllo, Rosa... È una **bugia**," fa presente lui.

di malavoglia	widerwillig
obbedire	gehorchen
silenzio *m* **di tomba**	Grabesstille, Totenstille
sventare qc.	etw. vereiteln
sotto copertura	undercover
indifeso	ungeschützt
squillare	klingeln
bugia *f*	Lüge

Achtung! **Idiota** ist männlich und weiblich. *Un idiota* ist ein Mann, *un'idiota* ist eine Frau.

"Beh, Giacinto, a volte dobbiamo mentire alle persone che amiamo per proteggerle. Ma non Le ho detto che ho chiamato il commissariato a Milano e ho detto di mandare due poliziotti a casa della zia di Ludovico. Saranno là quando arriveremo e molto probabilmente lei è già sulla via dell'ospedale per essere sottoposta a dei controlli. Dovrebbero chiamarci tra poco..." spiega lei.

imbarazzato	verlegen
prendersela	sich ärgern

Nach **prima che** steht immer der Konjunktiv (hier: *faccia*).

"Per favore, ora chiami Ludovico prima che faccia qualche sciocchezza. Sa essere molto emotivo quando si tratta delle persone che ama." continua Rosa.

Il commissario Malvisto chiama Ludovico e gli riferisce il messaggio di Rosa.

Ludovico è più tranquillo adesso.

"Ma quando ha avuto il tempo di chiamare il mio commissariato a Milano? Avrei dovuto pensarci io..." ammette lui **imbarazzato**.

"Quando è andato in bagno, mentre Edoardo ci organizzava il noleggio di questa automobile e il taxi d'acqua per Mestre," risponde lei.

Mestre ist der festländische Teil von Venedig und wird aufgrund seiner Größe als eigene Stadt bezeichnet.

Il commissario Malvisto abbassa gli occhi.

"Non **se la prenda**, Giacinto. Come ha già detto, è abituato a lavorare sempre da solo. Adesso non è più solo, fa parte di una grande famiglia, la sua squadra. E in una squadra si lavora insieme," precisa Rosa.

Esercizio 8: Futuro. **Setzen Sie die Verben in die Futurform (Futur I).**

1. Quando noi arrivare ______________________ a Milano, noi contattare ______________________ la polizia della città.
2. Rosa non andare ____________________ mai più in macchina con il commissario Malvisto.
3. Fra tre anni Giacinto Malvisto essere ________________ probabilmente un bravo commissario.
4. Fra poco Rosa e il commissario Malvisto avere ________________ la situazione sotto controllo.

5 Allarme medico

Rosa, il commissario Malvisto e Ludovico si trovano in ospedale e stanno parlando con il medico di Matilde.

"Sua zia sta meglio, ma sarebbe potuta morire se non fosse stata portata subito in ospedale..." spiega il medico. "Nel suo sangue abbiamo trovato **tracce** di arsenico. Qualcuno gliel'**ha somministrato** in dosi piccolissime in modo che la signora non si accorgesse subito di stare male. Probabilmente a un certo punto sarebbe morta nel sonno, ma non ne siamo sicuri. Dobbiamo fare altri esami," precisa ancora il medico.

traccia *f*	Spur
somministrare	verabreichen
indagine *f*	Ermittlung
ciecamente	blindlings

"Ma è fuori pericolo adesso, vero?" chiede Ludovico preoccupato.

Rosa gli stringe la mano.

"Sua zia è fuori pericolo, per fortuna. Come ho detto, siamo intervenuti in tempo," lo rassicura il medico.

"In altre **indagini** che ho fatto, hanno detto che c'era un medico che visitava alcune delle persone anziane decedute. Ma non ho trovato né ricette né altre prove della sua esistenza. Pensa possa essere stato un suo collega?" domanda il commissario Malvisto.

"Ne dubito altamente. Deve essere stato qualcuno che vedeva le vittime molto frequentemente, ogni giorno. E di cui loro si fidavano **ciecamente**," sottolinea il medico.

Esercizio 9: Congiuntivo. **Setzen Sie die Verben in den Konjunktiv!**

1. Ludovico si augura che sua zia stare __________ meglio.
2. Ludovico teme che Rosa e il commissario Malvisto essere __________ più che amici.
3. Rosa vorrebbe che il commissario Malvisto essere __________ più simpatico.
4. Ludovico e sua zia è come se essere __________ figlio e madre.

Rosa, Ludovico e Malvisto si guardano tutti e tre con gli occhi spalancati.
"La badante!" gridano in coro.
Il medico li guarda **allibito**, ma nella sua razionalità di scienziato conferma.

allibito	verblüfft

"È di certo un'ipotesi più plausibile," afferma.
Ludovico prova a chiamare Olga a casa di sua zia, ma nessuno risponde. Il suo cellulare è spento.
"Quando possiamo parlare con Matilde?" domanda Rosa al medico.
"Non prima di domani mattina. Ha bisogno di riposare oggi," risponde il medico.

"Ma dottore! Possono essere a rischio le vite di altri anziani," commenta il commissario Malvisto.

"Mi dispiace, ma io in questo momento ho questa vita da salvare e seguo le regole. Matilde deve assolutamente riposare fino a domani. Poi può parlare solo con il suo parente più caro, il dottor Lombardo (i), una persona che conosce e con cui **si sente a suo agio**," conclude il medico.

> (i) Der Titel **dottore** wird in Italien jedem verliehen, der ein Hochschulstudium abgeschlossen hat. Ähnlich wie bei *signore* fällt auch bei *dottore* das finale -e weg, wenn ein Nachname folgt: *dottor Lombardo*.

Rosa, Ludovico e il commissario Malvisto salgono sulla Fiat che hanno parcheggiato davanti all'ospedale.

Rosa è al **volante**.

"Ah, ma adesso ricordo!" dice Ludovico. "Ora mi ricordo dove L'ho già vista e perché la Sua faccia non mi è nuova. Ma Lei... Ma Lei... Non è possibile!!! Rosa!!!" grida Ludovico.

"Sì, Ludovico, è l'uomo che mi ha pestato il piede in stazione. Come vedi, è un commissario di polizia," fa presente Rosa.

"Non mi importa che cosa sia. Lei... Lei... si deve scusare con mia moglie!!" urla Ludovico guardando dritto negli occhi il commissario Malvisto.

sentirsi a proprio agio	sich wohl fühlen
volante *m*	Lenkrad
infuriato	wutentbrannt

Malvisto è seduto sul sedile posteriore della macchina e sta controllando il suo telefonino.

"Ha capito? Mi risponda!" grida **infuriato** Ludovico.

"Ludovico, si è già scusato. Invece abbiamo un altro grosso problema. La macchina non parte. Siamo rimasti senza benzina!" dice Rosa.

"Rosa, non preoccuparti. Ho pensato a tutto io stavolta. Mi

sono ricordato che c'era poca benzina. Vedi quella macchina gialla che sta arrivando? È il nostro taxi. Ci porterà al più presto a casa di Matilde, così potremo interrogare la badante e cercare di **venire a capo della** situazione," dice il commissario Malvisto.

"Perfetto, Giacinto. Grazie!" risponde Rosa.

"Ma, Rosa, siete amici adesso?" commenta con una certa **stizza** Ludovico. Forse un **pizzico** di gelosia lo **tormenta** ancora: il commissario Malvisto, anche se non è un uomo attraente fisicamente, è di certo intelligente e interessante, e lui e Rosa hanno sicuramente in comune la passione per la loro professione.

venire a capo di qc.	etw. bewältigen
stizza *f*	Gereiztheit
pizzico *m*	Prise
tormentare	quälen

Esercizio 10: Lettere in disordine. Bringen Sie die Buchstaben in die richtige Reihenfolge!

1. oeigals ____________________
2. oztesain ____________________
3. canhmica ____________________
4. rasein ____________________

"Ma non sia ridicolo, Ludovico! Sto imparando molto da Rosa. Mi ha insegnato a lasciare da parte il mio egocentrismo per il lavoro di squadra. Anch'io come Lei voglio essere un bravo commissario, uno di quelli che la gente ricorda per il suo eroismo e le sue azioni, ma anche per la sua empatia verso gli altri," precisa Malvisto.

"Ma Lei è lo stesso uomo che ci ha praticamente **travolti** con la sua rabbia alla stazione? Rosa, hai colpito ancora! Ancora una volta hai saputo avere successo nel **conquistare** la fiducia di una persona!" **sentenzia** Ludovico.

Tutti e tre sorridono mentre salgono sul taxi.

Rosa osserva stupita il commissario Malvisto.

"Non pensavo che potesse anche sorridere ogni tanto," pensa **tra sé e sé**.

È proprio vero che le persone ti **riservano** sempre delle sorprese se le aiuti e offri loro la tua fiducia.

travolto	überrannt, überwältigt
conquistare	erobern
sentenziare	verkünden, beschließen
tra sé e sé	im Stillen
riservare	*hier:* bereithalten

6 La badante

Olga era arrivata a Milano da Mosca quando aveva solo sedici anni. Era altissima, molto magra e bellissima.
Aveva trovato ben presto lavoro in un'agenzia per modelle.
Per una decina d'anni tutto era andato benissimo.
Olga era perfino finita sulla **copertina** di diverse **riviste** di moda.
Aveva affittato un appartamento a via Montenapoleone, la via della moda e una delle strade più esclusive della città.

copertina *f*	Titelblatt
rivista *f*	Zeitschrift
sperperare	verplempern

Aveva sposato un modello italiano, che poi era diventato anche il suo agente. In principio pareva una buonissima persona, ma poi si era trasformato.
Avevano iniziato tutti e due a far uso di droga. Per continuare a essere competitiva nell'ambiente della moda, Olga era diventata anoressica e aveva dovuto combattere contro forti depressioni.
Quando aveva cominciato a perdere contratti di lavoro perché era diventata troppo "vecchia" per quell'ambiente, lui l'aveva lasciata per un'altra modella russa più giovane di lei.
Olga, a quel punto, era caduta in una depressione ancora più forte. Si era trovata sola, in un appartamento che non si poteva più permettere.
Negli anni precedenti, invece di risparmiare, **aveva sperperato** tutto i suoi guadagni in vestiti, scarpe, borse e accessori

costosissimi, droghe e cure mediche in cliniche private per **disintossicarsi**.
Aveva anche perso un figlio: aveva avuto un aborto spontaneo al quarto mese, dopo una serata folle in discoteca durante la quale si era drogata di nuovo.
Era allora che il marito l'**aveva abbandonata**.

Esercizio 11: Preposizioni. Lesen Sie weiter und ergänzen Sie die richtigen Präpositionen, falls nötig mit Artikel!

A quel punto, per uscire da quel giro, **si era rifugiata** 1. ______ un convento di suore 2. ______ Umbria. Dopo circa tre mesi si era sentita di nuovo pronta 3. ______ ricominciare e, grazie 4. ______ contatti delle suore che credevano 5. ______ lei, era riuscita 6. ______ trovare lavoro come badante.

Le agenzie non l'avrebbero mai presa per il suo passato tempestoso, che comunque non poteva **nascondere**.
Da modella famosa era finita anche nelle cronache scandalistiche di diverse riviste, fotografata insieme a personaggi famosi e politici in **festini** di droghe e sesso.
Olga, però, era riuscita a tro-

disintossicarsi	*hier:* sich (von Drogen) entgiften
abbandonare	verlassen
rifugiarsi	flüchten
nascondere	*hier:* verheimlichen
festino *m*	Fest, Party

vare lavoro grazie al "**passaparola**" di un circolo di vip che si **affidava** a quelle suore per trovare badanti di fiducia che si occupassero di loro o dei loro familiari.
Quando aveva conosciuto Matilde e suo marito, Olga aveva lavorato già per due anni in case di ricchi anziani milanesi.
Non era stato difficile per un **accanito** investigatore come il commissario Malvisto scoprire tutto questo: era bastata una semplice ricerca con il computer dopo che Ludovico gli aveva **fornito** nome, cognome e data di nascita di Olga.

passaparola *m*	Mund-zu-Mund-Propaganda
affidare	(sich) anvertrauen
accanito	verbissen
fornire	*hier:* geben
avvisare qc.	jmd. benachrichtigen
scartato	verworfen

Rosa aveva telefonato al convento delle suore, per **avvisarle** nel caso Olga le avesse contattate.
A casa di Matilde, infatti, Olga non c'era più. Aveva fatto la sua valigia ed era scomparsa.
Ora Rosa, Ludovico e il commissario Malvisto sedevano in salotto e riflettevano su quale fosse la pista migliore da seguire.
"Avete provato a contattare l'ex marito di Olga? Magari anche lui è coinvolto..." propone Ludovico.
"Ipotesi **scartata**. Gli ho parlato ed ora è padre di due figli, ha trovato un lavoro in banca, si è rifatto una vita. Non è lui," risponde il commissario Malvisto.
"Olga non frequenta nessuno in questo momento?" domanda Rosa.
"Non che mi risulti..." cerca di ricordare Ludovico. "Non la conosco bene. Non vive con i miei zii da molto tempo. So che

non parla mai della sua famiglia in Russia ed è molto riservata. È ancora una bella donna, ma mia zia si preoccupava per lei, perché le sembrava davvero sola. Non incontrava mai nessuno. Passava il tempo libero a guardare telenovele latino-americane. Non aveva amici," racconta Ludovico, cercando di ricordare dettagli e particolari importanti.

senno *m*	Verstand
corrispondere	*hier:* entsprechen

"So bene cosa significa essere soli. A volte sembra di impazzire. Forse è stato questo il suo problema: ha perso il **senno** per una vita che non poteva più permettersi. Ha cominciato a odiare questi ricchi anziani soli come lei. Per questo li uccideva... e per rubare loro qualcosa. Forse per continuare a prendere droghe che altrimenti non poteva pagarsi..." ipotizza Malvisto.
"Non sempre chi si drogava in passato riprende a farlo," precisa Ludovico.
"Ricorda, Ludovico, che io vengo dal mondo della lotta alle droghe. Ho visto moltissima gente ricaderci e rubare perfino ai propri[i] genitori per procurarsi la droga... Cerca di comprendere il mio scetticismo, quindi..." replica Malvisto.
"Tutto è possibile," dice Rosa. "Ma credo che l'importante ora sia trovare Olga, cercare di parlare con lei e chiarire tutta questa storia."
"Quello che non capisco è che mia zia non **corrisponde** al profilo degli anziani soli. Aveva un marito che l'amava e un nipote come me che si occupava di lei. Matilde non è di certo una persona sola!" commenta Ludovico.

Das Wort **proprio** bedeutet als Adjektiv *eigen, sein* (*i propri genitori* = ihre eigenen Eltern), als Adverb *genau, wirklich* (*Non ti ricordi proprio* = Du erinnerst dich wirklich nicht).

"Ma vive senza marito. Spesso questo è sufficiente per questi criminali. Sono veri **avvoltoi** che **prendono di mira** gli anziani che vivono soli, sono più **vulnerabili** e non sono più in grado di difendersi come prima," spiega il commissario Malvisto. "Andate a dormire adesso, dovete essere molto stanchi. Io sto sveglio ancora qualche ora a fare ricerche al computer."

"No, Giacinto, io resto a fare ricerche con te. Non voglio lasciarti solo in questa indagine. Spero che domani mattina quando si sveglierà, Matilde potrà darci altre informazioni," replica Rosa con tono deciso.

avvoltoio *m*	Geier
prendere di mira qu.	jmd. aufs Korn nehmen
vulnerabile	verletzlich
infastidito	verdrossen
rigurgito *m*	Rückfall, Wiederausbruch
infervorato	erhitzt, angespornt

"Giacinto? Ho capito bene? Vi date già del tu? Siete tanto intimi adesso?" domanda Ludovico **infastidito**.

Rosa e il commissario Malvisto si guardano e scoppiano a ridere.

"Beh... ora non abbiamo tempo, ma quel tuo **rigurgito** di gelosia è solo ridicolo!" dice Rosa.

Lei e il commissario Malvisto si siedono davanti ai loro computer.

Ludovico fa una doccia e poi si mette a letto e cerca di dormire, ma non ci riesce. Così prende anche lui il computer.

In fondo è un professore universitario e un ricercatore. Sa benissimo come usare un computer.

"Gliela faccio vedere io a questi due..." commenta tra sé mentre lo schermo del suo portatile si illumina. "Via, alla ricerca!" dice, e comincia **infervorato** a digitare sulla tastiera.

Esercizio 12: Verbi irregolari. Wie lauten die unregelmäßigen Verben? Vervollständigen Sie die Liste in der angegebenen Person!

1. dare: *presente* loro ____________________

2. decidere: *congiuntivo* voi ____________________

3. essere: *imperfetto* loro ____________________

4. fare: *futuro semplice* io ____________________

7 Il risveglio

Rosa e il commissario Malvisto si sono addormentati sul divano: hanno lavorato tutta la notte al computer.

Rosa è sulla parte destra con un cuscino sotto la testa.

Il commissario Malvisto è sulla parte sinistra con il corpo mezzo sul divano e mezzo sul pavimento. **Russa** con la bocca aperta.

russare	schnarchen
di scatto	ruckartig
di soprassalto	plötzlich

Una mosca vola e va a posarsi sulla sua lingua.

"Ahhh!!!" urla. Si alza **di scatto** e cerca la pistola.

Anche Rosa si sveglia **di soprassalto** e nota subito un biglietto sul tavolino.

Sto seguendo una pista.
Ci vediamo in ospedale da mia zia alle 10.
Baci, Ludo.

"Ma cosa pensa di fare tuo marito? Vuole giocare al poliziotto adesso? Non sa che può essere molto pericoloso?" le chiede Malvisto indispettito.

"Ludovico ha lavorato insieme a me a molti casi. Sa quello che fa. E poi, in fondo, l'omicida per il momento ha ucciso solo vecchietti indifesi. Non penso che sia pericoloso per Ludovico," risponde Rosa.

"Mai dire mai..." ribatte il commissario.

Rosa lo guarda.

E poi di scatto prende il cellulare e cerca di chiamare Ludovico, ma il suo telefono è spento.

Esercizio 13: Congiuntivo. **Nach *penso che* folgt immer der Konjunktiv. Setzen Sie die Verben in die richtige Konjunktivform und bilden Sie Sätze!**

Penso che ...

1. ... oggi fare bel tempo.

____

2. ... Ludovico sapere quello che fa.

____

3. ... il commissario Malvisto avere un bel nome.

____

4. ... la zia di Ludovico stare meglio.

____

Sono le sei del mattino.
Rosa decide di fare una doccia mentre il commissario Malvisto continua a cercare i nomi di tutte le famiglie per cui Olga ha lavorato **in precedenza**.
Lui e Rosa hanno in programma di cominciare a chiamarle verso le otto e di cercare di raccogliere più informazioni possibili su Olga. Forse è andata da qualcuna di loro.
Ma quasi nessuno risponde.
A volte risponde il nuovo **inquilino** o proprietario dell'abitazione.

Tutti gli anziani per i quali ha lavorato Olga non sono raggiungibili o sono deceduti.
Alla fine Rosa e il commissario Malvisto si guardano **alquanto sconvolti**.

in precedenza	vorher
inquilino/a *m/f*	Mieter(in), Hausbewohner(in)
alquanto	ziemlich
sconvolto	erschüttert, bestürzt
innocente	unschuldig
volto *m*	Gesicht
abbracciare	umarmen
accarezzare	streicheln
sospetto *m*	Verdacht

"La situazione sembra essere peggiore di quanto credessimo. Olga sembra aver lasciato dietro di sé solo morte. In principio ho pensato che potesse essere **innocente**, ma ora non ho dubbi," dice Rosa.
"Spero che in questo momento non stia già operando sulla prossima vittima," aggiunge il commissario Malvisto.
Rosa prova ancora a contattare Ludovico, ma lui non risponde.
Sono quasi le dieci e devono andare in ospedale.
Quando arrivano, Ludovico non è ancora arrivato.
Rosa comincia a essere davvero preoccupata.
A questo punto il commissario Malvisto chiede alla sua squadra di cercare di rintracciare il cellulare di Ludovico.
Per fortuna è ancora acceso, anche se lui non risponde.
Rosa è davvero preoccupata, perché sa che Ludovico non mancherebbe il risveglio di Matilde per nulla al mondo...
Il medico fa entrare solo lei nella stanza, perché vuole che Matilde veda un **volto** amico.
"Rosa!" dice Matilde non appena la vede.
Rosa la **abbraccia** e le **accarezza** la fronte dolcemente.
Matilde è ancora molto debole.
Rosa le spiega cosa è accaduto e i forti **sospetti** che ha su Olga.
Ma Matilde non crede a quello che sente.

"Conosco bene Olga. Non è capace di uccidere nemmeno una **mosca**," afferma l'anziana signora.

"Forse ama molto gli animali, ma non altrettanto le persone!" precisa Rosa.

"Mi sembra impossibile!" insiste Matilde.

"Sai... forse ha ucciso anche tuo marito," aggiunge Rosa triste.

"Ma come? **Si adoravano**! Spesso giocavano a carte insieme. Lui le aveva insegnato a giocare a briscola(i)! Era molto felice insieme a noi ed era **distrutta** quando è **venuto a mancare** così presto..." insiste Matilde.

mosca *f*	Fliege
adorarsi	sich lieben
distrutto	*hier:* gebrochen
venire a mancare	versterben
sconsolato	trostlos
pallido	blass
testardo	dickköpfig

Rosa si rende conto che è inutile cercare di convincerla. Decide allora di cercare di avere più informazioni possibili.

"Hai mai visto Olga uscire con un uomo o hai mai conosciuto alcuni suoi amici?"

"Una volta... È venuto un medico. Però era molto più giovane di lei. Sembrava innamorato. Ma lei non l'ha più voluto incontrare..." racconta Matilde.

"E quando è accaduto? Ha prescritto a te e a tuo marito delle medicine?" domanda Rosa.

"No, ma non mi ricordo bene. Sono stanca," risponde Matilde.

Rosa abbassa gli occhi **sconsolata**, mentre pensa a Ludovico che in quel momento può essere in pericolo.

"Matilde, per favore, cerca di concentrarti," la prega Rosa.

"O forse..." ricorda Matilde.

"Forse...?" dice Rosa piena di speranza.

"Forse una volta quel medico ci ha consigliato

(i) **Briscola** ist in Italien ein beliebtes Stichkartenspiel für zwei bis sechs Spieler. Es ähnelt dem Skatspiel, ist allerdings etwas einfacher.

dei succhi alla vitamina D per rinforzare le ossa(i). Hanno funzionato, ci siamo sentiti meglio," dice Matilde.
Rosa spiega a Matilde che Ludovico forse adesso è con Olga e che teme per la sua vita.

Esercizio 14: Contrari. **Verbinden Sie das Verb mit seinem Gegenteil!**

1. ☐ affermare	a) partire
2. ☐ domandare	b) rivelarsi
3. ☐ arrivare	c) rispondere
4. ☐ nascondersi	d) smettere
5. ☐ continuare	e) negare

"Rosa, se Ludovico è davvero con Olga, ti assicuro che è totalmente al sicuro," dice Matilde con tono molto sicuro. "Quella ragazza ha solo bisogno di protezione e aiuto. Non le resto che io. Di certo non ha alcuna intenzione di uccidermi. Mi ha proprio detto di recente che si trova molto bene a casa mia e che spera finalmente di aver trovato una casa dove poter restare a lungo. Quando ha visto che stavo male, era più **pallida** di me," continua Matilde **testarda**.
"Ma allora perché non ti ha portato in ospedale?" chiede Rosa.
"Sono stata male altre volte e poi mi sono addormentata e

(i) Das Substantiv **osso** (Knochen) weist eine Unregelmäßigkeit auf. Im Singular ist es maskulin, im Plural feminin: *le ossa*. Das ist bei Körperteilen oft der Fall, z. B.: *l'orecchio* (Ohr), *le orecchie; il braccio* (Arm), *le braccia; il dito* (Finger), *le dita; il ginocchio* (Knie), *le ginocchia*.

il giorno dopo stavo bene come non mai. Ha creduto che mi sarei ripresa," confida Matilde. "Ma, forse..." aggiunge poi.
"Forse...?" ripete Rosa.
"So dove può essere andata a nascondersi. Ti ricordi che prima di andare in pensione avevo quell'impresa di **tessuti** in **seta**? Ho tenuto alcuni tessuti per i miei clienti più **affezionati**. Sono in un piccolo magazzino a Brera. Lì abbiamo lasciato un letto e c'è anche un bagno, perché spesso vi dormiva il custode. È l'unico posto dove Olga può essere andata se voleva nascondersi da qualcuno. Non mi viene in mente altro," conclude Matilde.

tessuto *m*	Stoff
seta *f*	Seide
affezionato	*hier:* treu
ammettere	zugeben
merito *m*	Verdienst

"Mille grazie! Grazie ancora, Matilde!" le dice Rosa mentre l'abbraccia.
"Rosa, mi raccomando! Stai attenta! Olga non è un'assassina, ma sono certa che l'assassino sia ancora in giro. Dì a Ludovico che lo voglio vedere non appena risolve il caso," precisa Matilde.
"Il caso? Ma Matilde, non è mica un poliziotto!" le risponde Rosa sorridendo ironica.
"Beh, dopo che ti ha aiutato a risolvere così tanti casi, devi **ammettere** che anche a lui spetta un po' di **merito**..." fa presente Matilde.
"Certo, so di essere molto fortunata ad avere un uomo come Ludovico! È davvero una persona speciale e rischia la vita per me senza esitazione. È questo che mi preoccupa, cara Matilde. Ma ora torna a riposare. Voglio vederti in forma al più presto. E poi a Pasqua devi venire a trovare me e Ludovico a Venezia!" dice Rosa.

"Abbraccia Ludovico da parte mia! E anche Olga... Sono sicura che sono insieme," dice Matilde.

Quest'ultima **battuta** a Rosa non piace...

Sa che Matilde non voleva intendere nulla di male. Ma in che senso i due sono insieme? Si conoscono?

Improvvisamente si ricorda di come Ludovico fosse contento di aver conosciuto Olga.

Le aveva detto che era una bella donna, ma Rosa era talmente presa dal suo lavoro che non **ci aveva fatto caso**.

battuta *f*	*hier:* Satz
farci caso	bemerken
avventurarsi (da qualche parte)	sich (irgendwohin) wagen
confondere	*hier:* verunsichern
inciampare	stolpern
bruciare	brennen

In quel periodo era impegnata a catturare un ladro di banche che **si era avventurato** tra i canali di Venezia.

In passato, quando erano in crisi, Ludovico l'aveva tradita.

Poteva essere capitato ancora?

Era per questo che era sparito?

Era con Olga adesso? La stava aiutando a venire fuori da questo problema?

In fondo era molto strano che l'avesse lasciata da sola con Giacinto.

"Ahhh... basta Rosa! Smettila di lasciarti **confondere** dai tuoi sentimenti. Cerca di essere razionale! Ti devi concentrare sui fatti, devi cercare di risolvere questo caso," si dice Rosa con tono deciso.

E in quel mentre...

"Rosa, hai novità?" chiede Malvisto **inciampando** sul suo piede e versandole il caffè addosso.

"Ahiii!!" grida Rosa. "**Brucia**! Ora chi mi dà un'altra camicia?!?"

Poco dopo Rosa e il commissario escono dall'ospedale e prendono un taxi per andare al magazzino di Matilde a Brera. "Giacinto, smettila di ridere!" dice Rosa, mentre nota che anche l'autista del taxi sta ridendo. "**Ebbene** sì, sto indossando la **casacca** di un'infermiera dell'ospedale. Non ho trovato nulla di meglio! Smettete di ridere e andiamo!" continua Rosa seccata.

ebbene	nun gut
casacca *f*	Kittel

Esercizio 15: Imperativo. Setzen Sie die Verben in die passende Imperativform (Befehlsform)!

1. Giacinto, (tu) smettere ____________ di ridere!
2. Ragazzi, andare ____________ al magazzino di Brera!
3. Matilde, (tu) cercare ____________ di ricordarti!
4. Rosa, bastare ____________ pensare male di Ludovico!

8 Mai fidarsi di chi è invisibile

Ludovico si sveglia con un forte mal di testa. Si trova nel magazzino di Matilde. È legato a una sedia con una serie di sciarpe fatte con tessuti di diversi colori.

sofferenza *f*	Leid

Gli era venuto in mente che sua zia aveva un magazzino di tessuti e aveva pensato che forse Olga poteva essersi nascosta lì.
Non c'era mai stato nulla di fisico tra lui e Olga, ma di certo lei gli piaceva molto. Olga gli aveva raccontato le sue **sofferenze** e lui le era stato vicino come un amico.
Una volta, una sera in cui avevano bevuto troppo e lui aveva deciso di fermarsi a dormire da sua zia, Olga aveva provato a baciarlo.
Ma poi si era scusata.
E da allora non c'erano stati più episodi di quel genere.
Di certo Ludovico era attratto da lei e Rosa in quel periodo aveva di nuovo poco tempo per lui.

Esercizio 16: Traduzioni. Lesen Sie weiter und übersetzen Sie die fehlenden Wörter!

Ma non appena Olga aveva provato a baciarlo, lui si era tirato indietro dicendole chiaramente:

"Mi dispiace, sono un uomo **1.** verheiratet ____________."

Aveva visto però una grande **2.** Traurigkeit ____________

negli occhi di lei e la cosa gli aveva stretto il **3.** Herz

____________.

Quello che Ludovico non sapeva era che Matilde si era sve-gliata, era venuta a prendere un **4.** Glas ____________ di latte in cucina e andando verso il **5.** Kühlschrank ____________ aveva visto Olga che lo baciava.

Matilde, che era sempre abituata a **farsi gli affari suoi**, aveva preferito non indagare sull'**accaduto**. La mattina dopo, quando li aveva visti fare colazione insieme, Matilde non aveva fatto domande. Anzi, si era augurata che fosse capitato qualcosa tra di loro. Com'era possibile che una donna come Rosa potesse avere tutto? Una bella carriera, la popolarità, un uomo che l'adorava... e Olga invece non avesse nulla?

Adesso, mentre si sta riprendendo dalla brutta **botta** che ha preso alla testa, Ludovico vede una figura davanti a sé.

"Olga? Cosa fai qui?" domanda con voce ancora **assonnata**.

"Che ci faccio io qui? Che cosa ci fai tu qui? Anche tu pensi che io sia un'assassina? Non mi conosci, Ludovico? Quella serata per te non ha

farsi gli affari propri	sich um die eigenen Angelegenheiten kümmern
accaduto *m*	Vorfall
botta *f*	Schlag
assonnato	verschlafen

significato proprio nulla?" risponde lei, **assalendolo** di domande.

"Olga, per favore **slegami**... Sono venuto da solo perché ci sono prove evidenti contro di te. Ma puoi difenderti? Dimmi la verità! Sei stata tu?" le chiede Ludovico.

assalire	überhäufen
slegare	entfesseln
supplicare	(an)flehen
accesso *m*	Zugang

"Ludo... Ma come fai a pensarlo? Non sai quanto amavo tuo zio? Ho pianto per giorni quando è morto! E come amo ancora tua zia? Lei sicuramente mi crede e non appena si sente meglio, sarà lei a proteggermi," dice Olga convinta.

"So che Matilde ti vuole molto bene. Ma sei ricercata dalla polizia. Hanno molte prove contro di te. Per favore, Olga, slegami. Ho bisogno di un caffè," la **supplica** Ludovico. "E poi mi fa male tutto. Ho davvero bisogno di un caffè... Slegami subito, Olga!"

Olga lo slega e gli prepara un caffè con una moka elettrica (i) che si trova sul tavolo.

Bevono il caffè e si guardano negli occhi.

"Olga, io ti credo. Mi dispiace di aver dubitato di te. Ma concentrati, pensa... Chi conosci che aveva **accesso** alle case dove hai vissuto? C'è qualcuno che lavora insieme a te? C'è qualcuno che ti ha seguito in tutte le abitazioni?" le domanda Ludovico.

(i) Die **moka** ist der klassische Espressokocher, der in jedem italienischen Haushalt zur Grundausstattung gehört. Inzwischen gibt es sie in vielen verschiedenen Varianten, auch mit integrierter elektrischer Kochplatte.

Ludovico ha la forte sensazione che Olga non sia colpevole e vuole aiutarla.

Ma non si sente bene. È come se tradisse Rosa una seconda volta. Non si spiega perché si trova lì ad aiutare un'altra donna quando sua

in ansia	besorgt
esclamare	ausrufen
confidarsi	sich anvertrauen
avvelenare	vergiften
esortare	auffordern

moglie è di certo **in ansia** per lui.
Ha controllato il telefono e ha visto che lo ha già chiamato una decina di volte.
Olga sta cercando di ricordare, ma non le viene in mente nessuno. È da anni che non ha grandi amici. Se non...
"Noooo!!! Non può essere lei!" **esclama** ad un tratto.
"Chi, Olga?" chiede Ludovico. "Per favore, **confidati** con me... Di chi si tratta? La persona a cui stai pensando è probabilmente l'assassina. Per favore, dimmi chi è!" la prega Ludovico.
"Non so... Mi pare impossibile," afferma Olga.
"Ieri notte ho sentito Rosa parlare con un commissario di Milano... Hanno scoperto che quasi tutti i vecchietti di cui ti sei occupata sono morti. Non ti sembra strano? Non ti sei mai fatta domande?" le fa presente Ludovico.
"Non ci ho pensato perché lavorando come badante mi prendo cura di persone anziane che molto spesso muoiono presto," dice lei onestamente.
Ludovico ci riflette e in effetti tutto questo ha senso, soprattutto se una persona è innocente.
"Va bene, Olga, adesso credo ancora di più che tu sia innocente, ma mi devi dire a chi stai pensando. Chi cerchi di proteggere?" insiste Ludovico.
Olga abbassa lo sguardo e pare non voler parlare.
"Olga, per favore! Sai che **ha avvelenato** mia zia? Lo hanno scoperto in ospedale... Con l'arsenico, un po' alla volta, così un giorno sarebbe morta... Probabilmente sarebbe successo presto, se non l'avessero portata in ospedale. Questa persona è pericolosa! Potrebbe essere all'opera per uccidere altra gente anche adesso! Ti prego, parla!" la **esorta** ancora.

Olga lo guarda e si chiede da dove cominciare a raccontare. "Quando ero ricoverata in ospedale per disintossicarmi ho conosciuto questa giovane ragazza. Poteva avere l'età della figlia che ho perso. Sai che ho sofferto molto per l'aborto spontaneo. Lei, però, a differenza mia, è italiana. Abbiamo **condiviso** molte esperienze in ospedale, siamo diventate amiche. Siamo andate entrambe dalle suore in Umbria per riprenderci e ricominciare una nuova vita," racconta Olga. "Alla fine siamo tornate a Milano. Elena viene da un quartiere povero e popolare, un quartiere di **case popolari**, dove per un periodo abbiamo vissuto insieme. Un suo amico ci ha ospitate. Poi io[i] ho cominciato a lavorare come badante e lei come donna delle pulizie," continua Olga. "Una donna delle pulizie? Per questo nessuno ci hai mai pensato. Spesso le donne delle pulizie sono invisibili. Vengono nelle nostre case, puliscono **dappertutto** e conoscono i nostri segreti, le nostre abitudini. A volte le salutiamo veloci e nemmeno le osserviamo bene, perché siamo troppo impegnati con le nostre vite," dice Ludovico.

condividere	teilen
casa *f* **popolare**	Sozialwohnung
dappertutto	überall
spingere	schubsen

Das **Personalpronomen io** wird hier zu dem Verb hinzugefügt, weil es besonders betont wird.

"Sì, Elena sa essere molto discreta," conferma Olga. "Ma ha accesso alla cucina, alle medicine, e nelle case in cui lavora prepara spesso il tè o altre bevande per i proprietari," racconta Olga. "Mi fidavo di lei. Non ho mai pensato che fosse capace di fare queste cose. Ma quando è stata ricoverata in ospedale per disintossicarsi mi ha detto che era anche accusata di avere ucciso la sua coinquilina, di averla **spinta** dalla finestra.

Poi fu **discolpata**, perché non c'erano prove. L'altra ragazza era drogata come lei al momento del fatto e quindi la polizia ha pensato che alla fine si fosse suicidata. Ma, in effetti, all'inizio avevano accusato lei..." continua Olga.

Esercizio 17: Preposizioni. Ergänzen Sie die Sätze mit den passenden Präpositionen, falls nötig mit Artikel!

1. Rosa crede ________ suo istinto: secondo lei Olga è colpevole ________ omicidi.
2. Olga racconta ________ Ludovico la sua triste storia ________ convincerlo.
3. Ludovico è stato legato ________ Olga ________ una sedia.
4. Rosa sta indagando ________ omicidi e ________ scomparsa ________ Ludovico.
5. Olga confessa il suo legame ________ amicizia ________ Elena.

Ludovico l'abbraccia felice.
"Forse era gelosa perché passavi troppo tempo con questi anziani. Vivevi anche con loro e probabilmente ha sperato che tu saresti tornata a vivere con lei," **presuppone** Ludovico.

> **Fu** (war, Verb= *essere*) ist ein **passato remoto**. Diese Zeit wird vor allem in der geschriebenen Sprache angewendet, wenn etwas in der Vergangenheit geschildert wird, was in der Gegenwart nicht mehr relevant ist. Im Süden Italiens wird das *passato remoto* auch gerne in der gesprochenen Sprache verwendet.

"Non so. Dobbiamo di certo chiederlo a lei. Io non posso parlare per lei," replica Olga.

In quel mentre la porta del magazzino **si spalanca**.

Rosa e il commissario Malvisto **irrompono** con le pistole in mano.

"Mani in alto!" grida lui.

"Ludovico, stai bene? Olga, cosa ci fai qui?" chiede Rosa con tono minaccioso.

"Ludovico, ti prego, proteggimi!" dice Olga mentre si nasconde dietro Ludovico.

"Ma guarda un po'! Siete tanto amici?" ironizza seccata Rosa.

"Non scherziamo. Signora, Lei è in arresto!" esclama il commissario Malvisto.

Le si avvicina, la **strappa** dalla schiena di Ludovico a cui lei si è **aggrappata**, la butta al **suolo** e l'**ammanetta**.

"No, Giacinto, fermati! È innocente!" grida Ludovico.

Rosa a questo punto **mette via** la pistola, perché ha paura di usarla davvero.

"Ludovico, ora portiamo Olga al commissariato di Milano. Per favore, **togliti di mezzo**. Sei un civile, non un poliziotto," **intima** Rosa.

discolpare	(von der Schuld) entlasten
presupporre	vermuten
spalancarsi	auffliegen
irrompere	einfallen, reinplatzen
strappare	ziehen
aggrappare	klammern
suolo *m*	Boden
ammanettare qu.	jmd. Handschellen anlegen
mettere via	wegräumen
ϟ togliersi di mezzo	aus dem Weg gehen
intimare	anordnen

implorare	flehen
testimonianza *f*	Zeugenaussage

"Ma Rosa! Per favore, ascoltaci!" la **implora** lui.
"Che fai, parlate al plurale adesso? Ma state insieme? E da quando?" dice Rosa.
"Per favore, Rosa, lascia fare a me," dice Malvisto.
Rosa si allontana guardando Ludovico con occhi arrabbiati.
"Ma Rosa! Lasciami spiegare almeno!" ribatte Ludovico.

Olga viene interrogata al commissariato, mentre Ludovico decide di andare in ospedale da Matilde.
Rosa invece prende una camera d'albergo.
Vuole prima di tutto sapere la verità e risolvere il caso.
Per questo decide di partecipare anche lei all'interrogatorio di Olga.
Olga piange quasi tutto il tempo, continua a chiedere di Ludovico.
Dice di fidarsi solo di lui e vuole che sia presente.
Tutto questo per Rosa non è di certo facile.
Ma lei è una professionista.
Alla fine chiede di rimanere da sola con Olga nella stanza.
Sa che Ludovico ha già rilasciato la sua **testimonianza** al commissario Malvisto e che la squadra di Malvisto sta cercando Elena.

9 La mano della morte

Elena è seduta su una poltrona in soggiorno. È appena tornata da una dura giornata di lavoro. È stata nelle case di due persone anziane. Entrambe hanno dei figli che non le vanno mai a trovare.

Elena non ha mai avuto una famiglia vera: sua madre l'ha **abbandonata** in un **cassonetto**.

abbandonare	*hier:* aussetzen
cassonetto *m*	Müllcontainer
affidamento *m*	Pflegschaft
sedurre qu.	jmd. verführen
scatenato	entfesselt
violentare	vergewaltigen

Non è mai stata nemmeno adottata, ma è passata in **affidamento** di famiglia in famiglia.

Elena sa di essere nata bella. È sempre stata più alta di tutte le sue compagne di scuola, ha sempre avuto uomini, anche più grandi, che hanno provato a **sedurla** o si sono offerti di aiutarla a trovare un lavoro.

Uno di loro era un agente di modelle.

Lei aveva solo quindici anni quando lo ha conosciuto in discoteca.

Lui ne aveva dieci più di lei. L'ha notata ballare **scatenata** e sexy e si è avvicinato a lei.

In quel periodo Elena viveva ancora con una famiglia in affidamento, che però non si curava di lei. Poteva fare tutto quello che voleva. La coppia viveva in un quartiere povero e aveva altri due ragazzi in affidamento.

Uno di loro aveva provato a **violentarla** una volta, ma quando

lei l'aveva raccontato, nessuno le aveva creduto.
Allora Elena aveva deciso di fare di tutto per andarsene da quella casa.

rammentare	erinnern
zitto	still
lasciare in pace	in Ruhe lassen

Così quando questo agente le aveva offerto di andare a vivere a casa sua in un appartamento in centro e di rappresentarla presso un'agenzia di moda, lei aveva subito accettato.
Lui si teneva quasi tutto il denaro, ma lei aveva almeno un tetto sotto cui dormire e un po' di sicurezza.
Ma poi un giorno tutto era cambiato.
Elena aveva cominciato a drogarsi per non mangiare e restare magra, per andare avanti a lavorare con orari impossibili, in condizioni stressanti, al limite delle sue forze.
Ad un certo punto era diventata dipendente dalla droga e aveva cominciato a non uscire più di casa.
Quando non aveva potuto più lavorare, l'agente l'aveva lasciata (i) e cacciata da casa sua.
Elena era finita a vivere con un'altra modella. Insieme giocavano tutto il giorno ai videogiochi e si drogavano.
Ma poi un giorno l'altra era morta.
Elena non ricorda molto di quel giorno. **Rammenta** solo che voleva continuare a giocare, ma l'altra invece voleva ballare. Stava ascoltando una canzone che Elena odiava.
Parlava di un padre che Elena non aveva mai avuto. O così almeno Elena credeva. Voleva che stesse **zitta**, che la **lasciasse in pace**. Ricordava di averla spinta, ma tutto era molto confuso.

> (i) Zur Erinnerung: Wenn ein direktes Objektpronomen (*lo*, *la*, *li* und *le*) beim *passato prossimo* vor *avere* steht, ist eine **Angleichung des Partizips Perfekt** auch bei **avere** notwendig (z.B. *Lui l(a)'ha cacciata = lui ha cacciato lei; lui l'(ha) lasciata = lui ha lasciato lei*).

campanello *m*	Klingel
trascorrere	verbringen
di sfuggito	flüchtig

Adesso Elena sta ancora pensando a quel giorno quando sente suonare il **campanello**. Apre automaticamente il portone d'ingresso della palazzina, pensando che sia un corriere con un pacco.

Tutto era cominiciato, quando Elena aveva cominciato a prendere una scatola di arsenico nella ditta delle pulizie, dove lo usavano per uccidere i topi.

Erano delle grosse pastiglie, ma Olga le riduceva in polvere e metteva la polvere nelle tisane, nel tè (i) e perfino nel caffè degli anziani di cui si occupava.

> Mit **tè** ist in Italien normalerweise schwarzer Tee gemeint. Kräutertees sind **tisane** oder man spezifiziert den Begriff: *tè alla menta* (Minztee), *tè alla frutta* (Früchtetee) etc.

Olga era diventata la migliore amica di Elena, **avevano trascorso** molto tempo insieme in ospedale.

Per Elena era una sorta di madre, quella che non aveva mai avuto. Avrebbe fatto qualsiasi cosa, perché Olga tornasse a vivere con lei.

E odiava tutti quegli anziani bisognosi che gliela portavano via.

Adesso Olga aveva pochissimo tempo per lei.

Normalmente si vedevano fuori dalle case dove Olga lavorava, solo una volta la settimana o talvolta ogni due settimane.

Olga andava ogni domenica in chiesa, era diventata molto religiosa da quando si era disintossicata. Era lì che le due donne si incontravano. E dopo la messa andavano a prendere un caffè.

Oppure Elena vedeva Olga solo **di sfuggita** quando andava a

fare le pulizie nelle case di quegli anziani ricchi di cui lei si occupava.
Perché Olga era sempre occupata a prendersi cura di loro.
Elena sta pensando a tutto questo, quando sente suonare di nuovo il campanello. Ancora... e ancora. Stavolta è quello della porta dell'appartamento.
Di solito il corriere lascia i pacchetti davanti alla porta e se ne va.
Deve essere qualcun altro.
"Magari è Olga!" si dice Elena felice.
Apre la porta con un grande sorriso, ma si trova di fronte due agenti di polizia.
Qualche minuto dopo è seduta **sul retro** della loro macchina, ammanettata, e fatica a rendersi conto di quello che sta succedendo.

sul retro	hinten

"Sai come la chiamano già alla radio?" chiede un agente all'altro.
"No, non ho sentito nulla. Mi sembra una ragazza innocente e carina... e talmente giovane. Come la chiamano? Sono curioso..." risponde l'altro.
"La mano della morte" dice il primo.
È a questo punto che Elena capisce.
Comincia a urlare e dice che vuole uscire dalla macchina.
"Non è vero! Non è vero! Non sono stata io da sola, Olga era d'accordo con me. È stata lei a insegnarmi che cosa fare! Dividevamo i soldi dei gioielli e delle altre cose che riuscivamo a rubare! Credetemi!!! Io odiavo quei vecchi anziani! Ma l'ho fatto solo per Olga! Non mi interessavano i soldi! Volevo che lei tornasse a vivere con me!" cerca di spiegare Elena.
"Signorina, deve parlare con i commissari, non con noi... Noi

possiamo fare davvero poco. Per favore, si calmi adesso!" la esorta un agente.
Ma Elena continua a urlare.
I due agenti si affrettano a raggiungere il commissariato, dove la ragazza viene portata in una cella di isolamento.
Un'ora dopo sarà interrogata dal commissario Malvisto.

Esercizio 18: Congiuntivo. **Nach welchen Konjunktionen bzw. Satzteilen steht der Konjunktiv? Unterstreichen Sie die korrekte Variante!**

1. Rosa dice: "Penso che Elena sia / è innocente."
2. Il commissario Malvisto si comporta come se è / fosse il capo.
3. Ludovico si fa sentire appena può / possa.
4. Elena voleva che Olga torna / tornasse a vivere con lei.
5. Elena non si rende conto di quello che sta / stia succedendo.

10 La verità

"Che ne pensi, Giacinto, è stata lei? Chi ha ragione, lei o Olga? A chi credi tu?" domanda Rosa al commissario Malvisto.
Rosa ha ascoltato l'interrogatorio di Elena dalla stanza accanto: Malvisto ha voluto parlarle da solo.
Deve ammettere che il commissario ha fatto un ottimo lavoro. Probabilmente lei non avrebbe saputo fare meglio.
Elena si è fidata di lui e gli ha raccontato proprio tutto.

sostenere	behaupten
smettere	aufhören
instancabile	unermüdlich
confronto *m*	Auseinander-setzung

Non ha negato di essere stata lei ad aver dosato l'arsenico nelle bevande degli anziani, ma ha continuato a chiedere di parlare con Olga.
Ha continuato a **sostenere** che era Olga la mente di tutto e che lei aveva solo eseguito i suoi ordini, perché odiava quelle persone che le avevano portato via tutte le sue attenzioni di Olga.
"Olga mi aveva promesso che un giorno, quando avremmo avuto abbastanza soldi, **avremmo smesso** e saremmo tornate a vivere insieme. Solo noi due!" aveva continuato a ripetere **instancabile**. "Voglio vedere Olga! Sono sicura che non mi lascerà sola in tutto questo. Voglio vedere Olga!"
Olga, però, aveva negato qualsiasi **confronto** con lei. Alla fine era stata discolpata ed era tornata a vivere con Matilde, che l'aveva addirittura invitata a trascorrere il pranzo di Pasqua a Venezia a casa di Ludovico e Rosa.

Così adesso Rosa si trova a dover cucinare per tutta la famiglia e perfino per quella donna che, probabilmente, è andata a letto con il suo uomo.

> **Tortellini** werden in Italien zu besonderen Anlässen gerne noch per Hand einzeln „gedreht". Dazu nimmt man das gefüllte Teigdreieck um den Daumen und schließt mit dem Zeigefinger der anderen Hand die beiden Enden zu der typischen runden Form.

Rosa sta finendo di girare la pasta attorno al dito per chiudere gli ultimi tortellini con ripieno di carne di agnello che ha preparato seguendo una ricetta della nonna di Ludovico.
La storia di Elena e Olga le ritorna in mente, mentre Ludovico si prepara per andare alla stazione a prendere le due donne in arrivo da Milano.
Ludovico è particolarmente attraente quella mattina. Ha indossato un paio di pantaloni color crema con una camicia rosa.
Ma lei, prima che il pranzo di Pasqua cominci, vuole sapere tutta la verità. Tante altre donne lascerebbero perdere, ma lei non è così.

arrossire	erröten
riferirsi a qc.	sich auf etw. beziehen

"Amore mio, che ne pensi? Sono abbastanza elegante?" le chiede lui.
"Direi che sei alla moda. Sei bello come sempre, amore mio... Ma..."
"Cosa c'è Rosa? È da ieri che sei strana. Non crederai davvero a Elena? Sai che quella ragazza è psicolabile. Probabilmente ha ucciso la sua coinquilina. È chiaro che mente!"
"No, Ludovico, si tratta di altro. Prima che Olga entri in questa casa, voglio che tu mi racconti la verità," gli dice Rosa.
Ludovico abbassa gli occhi e **arrossisce**.
"So a cosa **ti riferisci**, Rosa," dice lui.

"E allora? Tu e Olga siete andati a letto o no?" insiste lei.
"Vuoi davvero che parliamo di questo? Non penso abbia importanza... È passato più di un mese," la prega Ludovico con il volto imbarazzato.
"Un mese? Ah, ma davvero? Solo un mese? Sì, voglio sapere tutto. Abbiamo deciso di non avere segreti quando ci siamo sposati. Come sai, non mi piace essere presa in giro..." lo **incalza** lei.
"Beh, Rosa, la verità è che non ricordo," rivela lui.
"In che senso? Per favore, Ludovico... Non essere **codardo**!" lo minaccia lei.
"Ricordo che avevamo cenato insieme da Matilde, ma lei era stanca ed era andata a dormire. Allora Olga e io siamo rimasti a parlare, a mangiare alcuni biscotti veneziani e a bere vino. Ricordo che Olga ha provato a baciarmi e io l'ho respinta dicendole che ero sposato. E dopo è tutto poco chiaro... Penso che abbiamo bevuto ancora, non so, è tutto come **annebbiato**. Ho un blackout, Rosa," precisa lui **balbettando** per l'insicurezza.

incalzare	(be)drängen
codardo *m*	Feigling
annebbiato	benebelt
balbettare	stottern
nudo	nackt
ubriaco	betrunken
rattristato	betrübt

"Ma ti ha drogato?" ipotizza lei.
"Forse... non lo so," confessa lui.
"E la mattina dopo? In che letto eri? Nel tuo e da solo?" vuole sapere lei.
"È questo il mistero. Il giorno dopo eravamo nel mio letto, entrambi **nudi**. Per favore, Rosa, non farmi dire altro. Nemmeno con Olga non ne ho più parlato. Preferisco ricordare il momento in cui io l'ho respinta. Eravamo talmente **ubriachi**! Non penso sia successo nulla!" dice lui **rattristato**.

"Ludovico! Ma perché fai queste cose? Non sei felice con me? Era per questo, allora, che non hai risposto alla mia telefonata quella sera. Mi hai detto che ti eri addormentato!" ribatte Rosa.

acceccato	geblendet
in fin dei conti	schließlich
contraddire	widersprechen
disprezzo *m*	Verachtung
spensierato	unbekümmert

"Rosa, per favore, perdonami. Credo di esserti stato fedele," aggiunge lui.

"Credi?" domanda lei. "Per favore vai ora, vai a prendere la tua cara zia e quella donna che non so come altro chiamare. Meno male che non ci ha preparato lei il pranzo. Non dico altro!"

"Rosa, non accusare un'innocente solo perché sei **accecata** dalla gelosia. Se vuoi le porto a pranzo in un ristorante veneziano, dico che tu non stai bene e poi noi due ceniamo da soli insieme," le propone lui.

"No, Ludovico. Adesso mi concentro a cucinare e dimentico tutto. Sono una persona adulta, **in fin dei conti**. Voglio che le porti a pranzo da noi," dice lei sicura.

Ludovico sa che non è il momento di **contraddirla**.

Con gli occhi bassi e il gatto Giuseppe che lo guarda con lo stesso **disprezzo** di Rosa, si avvia verso la stazione.

Quando arrivano, Rosa ha già apparecchiato la tavola.

Matilde e Olga le regalano delle rose rosse.

Rosa è silenziosa per tutto il tempo, mentre Matilde, Ludovico e Olga scherzano e ridono **spensierati**.

Sono chiaramente felici di passare questa bella giornata di festa insieme.

Rosa ha preparato un antipasto a base di salame, datteri e pancetta, poi i tortellini con ripieno di carne di agnello, l'agnello

Traditionsgemäß isst man in Italien an Ostern einen typischen Hefekuchen, die **Colomba**. Die Form des Kuchens ähnelt der einer Taube und ist geschmacklich dem winterlichen Panettone sehr ähnlich.

arrosto e per dessert ha acquistato una Colomba pasquale. Alla fine del pranzo arriva anche il gatto Giuseppe per gustare un po' di agnello **avanzato**.
"Oddio, sono allergica ai gatti!" dice Olga. "Potete metterlo in un'altra stanza? Mi può venire un attacco d'asma," chiede **spaventata**.
"Certo, Olga, **ci penso io**," propone Ludovico.
Ma Giuseppe non si lascia prendere, lo **graffia**, sale sulla **mensola** più alta della cucina e li osserva dall'alto.
"Mi dispiace, quel gatto mi odia. È sempre stato così. È geloso di Rosa. Ma magari da lassù non ti dà fastidio..." dice Ludovico.
Olga continua ad osservarlo preoccupata con gli occhi spaventati.
È a questo punto che Rosa inizia a parlare.
"Sì, Giuseppe non è il migliore dei gatti. È molto **pigro**. Abbiamo un paio di topolini che vengono spesso nell'appartamento, ma lui è talmente pigro che dobbiamo ricorrere al veleno," racconta. "Purtroppo, da quando tutti quegli anziani sono stati assassinati, non riesco più a toccare il veleno per topi. Anche tu, Olga, so che ne sei rimasta sconvolta. Avresti mai immaginato che quella povera ragazza potesse farti tutto questo?"
"Dobbiamo proprio parlarne ancora?" chiede Matilde infasti-

avanzato	übriggeblieben
spaventato	erschrocken
Ci penso io!	Ich kümmere mich darum!
graffiare	kratzen
mensola *f*	Brett, Konsole
pigro	faul

dita. "Rosa, non ce la fai proprio a smettere di pensare al lavoro?"

Rosa la **fulmina** con lo sguardo.

"Sì, Rosa, forse è meglio cambiare argomento. Ci stavamo tanto divertendo," propone Ludovico.

fulminare	durchbohren
torturato	gefoltert
diffondere	verbreiten

"Voi vi stavate tanto divertendo," precisa Rosa.

Ma è Olga a intervenire adesso.

"Rosa, mi dispiace per tutto quello che è successo. So che l'arsenico può provocare una morte molto dolorosa sia nelle persone che negli animali. Mi dispiace davvero molto per quelle persone. È come se fossero state **torturate**..."

"In effetti..." dice Rosa con uno sguardo improvvisamente trionfante.

Poi alza il tono di voce: "Giacinto? Hai sentito e registrato tutto?"

Giacinto apre la porta. In una mano tiene il cellulare, nell'altra la sua pistola.

"Ma cosa succede adesso?" domanda Matilde.

"Succede che nessuno per ora a parte me, Ludovico, Giacinto e il medico sapeva che il veleno utilizzato per uccidere gli anziani fosse l'arsenico. Gli scienziati stanno facendo ancora delle analisi e abbiamo deciso di non **diffondere** la notizia finché non ne saremo sicuri. Tu non l'hai detto a lei, vero, Ludovico?" chiede Rosa.

"No!" risponde lui.

Olga si alza in piedi, ma il commissario Malvisto è pronto ad ammanettarla.

"Giacinto, mi dispiace di averti rovinato la Pasqua!" si scusa Rosa.

"Non preoccuparti, Rosa, ora finalmente porto questa criminale in **prigione**, ma poi, se vuoi, torno per cena," dice lui.
"Con piacere!" risponde Rosa.

Esercizio 19: Condizionale. Formulieren Sie die Sätze höflicher und verwenden Sie das Konditional 1!

1. Rosa, mi passi il sale per favore?

____

2. Ludovico, mi aiuti ad apparecchiare la tavola?

____

3. Giacinto, torni a cena stasera?

____

4. Rosa, puoi smettere di pensare sempre al lavoro?

____

5. Olga e Matilde, potete smettere di ridere?

____

"Voi, invece, per favore andatevene. Ludovico, mentre andavi in stazione, ti ho preparato una valigia. La trovi in camera da letto."
"Ma Rosa, che dici? Io ti amo! Siamo sposati!" protesta lui.
"Sì, per ora siamo sposati. Ma non so ancora per quanto tempo," dice Rosa **ferma** nella sua decisione.
In quell'attimo una nuvola copre il sole e la stanza cade nell'ombra.

"Ho bisogno di riflettere, Ludovico. Forse un giorno torneremo a essere amici, come lo siamo stati in principio, ma adesso ho bisogno di stare da sola, di vivere per un po' **per conto mio**. In fondo è da tanto tempo che non lo faccio. Sono convinta che i cambiamenti fanno sempre bene, anche a noi due," conclude Rosa.

prigione *f*	Gefängnis
fermo	*hier:* standhaft
per conto proprio	*hier:* allein

Esercizio 20: Quantità. Welche Mengenangabe passt zu welcher Zutat? Ordnen Sie zu!

1. ☐ una bustina di	**a)** olio
2. ☐ un cucchiaio di	**b)** lievito
3. ☐ uno spicchio di	**c)** torta
4. ☐ un pizzico di	**d)** uova
5. ☐ un mazzetto di	**e)** un limone
6. ☐ il succo di	**f)** aglio
7. ☐ una fetta di	**g)** sale
8. ☐ una dozzina di	**h)** prezzemolo

Test finale
Soluzioni
Glossario
Indice degli esercizi

Test finale

Esercizio 1: Il gioco delle coppie. **Ordnen Sie den Namen die richtige Tätigkeit zu!**

1. ☐	Rosa Nicoletti	**a)** commissario di polizia di Milano
2. ☐	Ludovico Lombardo	**b)** badante
3. ☐	Giacinto Malvisto	**c)** professore e criminologo
4. ☐	Olga	**d)** gatto di Rosa
5. ☐	Giuseppe	**e)** commissario di polizia di Venezia

Esercizio 2: Preposizioni. **Unterstreichen Sie die richtige Variante!**

1. A volte Ludovico è troppo geloso di / con Rosa.

2. Rosa è molto brava a / di usare la pistola.

3. Rosa dubita per la / della fedeltà di Ludovico.

4. Rosa non teme nemmeno per / di combattere contro i peggiori criminali.

Esercizio 3: Vero o falso? **Welche Aussagen sind korrekt? Kreuzen Sie an!**

1. Rosa e Ludovico sono in crisi. ❐
2. Il commissario Malvisto lavora normalmente a Brescia. ❐
3. Olga, la badante, è innocente. ❐
4. Rosa e il commissario Malvisto hanno una relazione. ❐
5. Il segretario di Rosa si chiama Edoardo. ❐
6. Il commissario Malvisto ama i giacinti. ❐
7. Elena è stata abbandonata dai genitori. ❐

Esercizio 4: Il verbo corretto. **Unterstreichen Sie das passende Verb.**

1. uscire dalla / spegnere la televisione
2. navigare / nuotare in Internet
3. leggere il / connettersi al giornale
4. entrare nel / accendere il computer
5. disconnettersi dalla / sentire la radio
6. rispondere al / avvisare al cellulare

Esercizio 5: Passato prossimo. **Setzen Sie die passenden Perfektformen ein!**

1. Rosa e Ludovico litigare ______________________ .

2. Rosa aiutare ______________________ il commissario Malvisto a risolvere il caso.

3. Ludovico cercare ______________________ di aiutare Olga.

4. Ludovico forse tradire ______________________ Rosa e lei lo cacciare ______________________ di casa.

Esercizio 6: L'alternativa giusta. **Welche Übersetzung ist richtig? Kreuzen Sie an!**

1. Rosa ist immer sehr beschäftigt.

   - ❐ **a)** Rosa è sempre molto impiegata.
   - ❐ **b)** Rosa è sempre molto impegnata.

2. Ludovico hat Rosa immer bei ihrer Arbeit geholfen.

   - ❐ **a)** Ludovico ha sempre aiutato Rosa dal suo lavoro.
   - ❐ **b)** Ludovico l'ha sempre aiutata nel suo lavoro.

3. Rosa ist mit dem Kommissar Malvisto befreundet.

❐ **a)** Rosa è amica del commissario Malvisto.

❐ **b)** Rosa ha una relazione con il commissario Malvisto.

4. Rosa ist über die Ergebnisse sehr erstaunt.

❐ **a)** Rosa è molto stupita dai resultati.

❐ **b)** Rosa è molto stupida dai resultati.

Esercizio 7: Ci o ne? Ergänzen Sie die Sätze mit *ci* oder *ne*.

1. Ludovico, vai spesso a Milano? No, è la terza volta che ________ vado.

2. Ti piacciono i tortellini? Sì, ________ mangio sempre tanti!

3. Matilde me ________ parla sempre bene.

4. Ancora non so se partecipare all'interrogatorio. ________ devo pensare.

5. Ludovico, puoi comprare delle mele? Certo, quante te ________ servono?

6. Rosa, hai spento il forno in cucina? Oh no! Me ________ sono dimenticata!

Esercizio 8: Maschile e femminile. Wie lautet die weibliche Form folgender Berufsbezeichnungen?

1. il dottore ______________________

2. l'infermiere ______________________

3. il badante ______________________

4. il professore ______________________

5. il consulente ______________________

Esercizio 9: Il cruciverba. Lösen Sie das Kreuzworträtsel und finden Sie das Lösungswort. Wie lautet der *condizionale presente* der folgenden Verben?

1. tu VOLERE **2.** io DOVERE **3.** noi VEDERE

4. noi VENIRE **5.** io VEDERE **6.** lui SAPERE

7. tu FARE **8.** loro DIRE

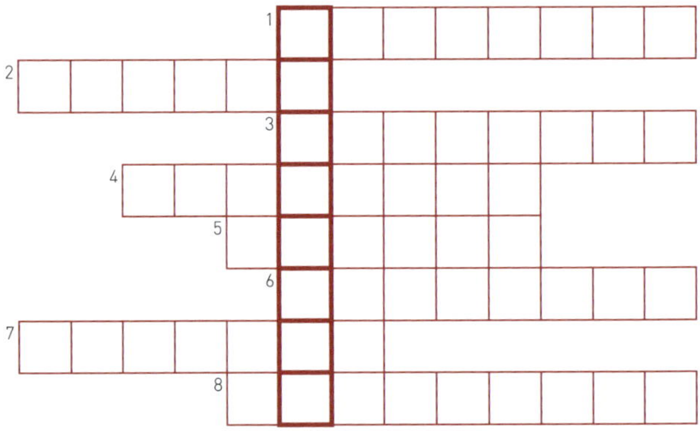

Lösungswort: ☐☐☐☐☐☐☐☐ in Italia?

Soluzioni

Esercizio 1: **1.** di **2.** su **3.** di **4.** in **5.** per

Esercizio 2: **1.** c **2.** e **3.** a **4.** b **5.** d

Esercizio 3: **1.** falso (Ludovico parte per la città di Milano.) **2.** vero **3.** falso (La zia di Ludovico è malata.) **4.** falso (Matilde vive con Olga a Milano.) **5.** falso (Matilde non ha figli.)

Esercizio 4: **1.** decide **2.** ritardo **3.** preoccupata **4.** Di solito / Normalmente **5.** zia **6.** prima

Esercizio 5: **1.** d **2.** a **3.** b **4.** c

Esercizio 6: **1.** odio **2.** profumo **3.** ritardo **4.** lavoro

Esercizio 7: **1.** ricerca **2.** verifica **3.** vita **4.** morte

Esercizio 8: **1.** arriveremo, contatteremo **2.** andrà **3.** sarà **4.** avranno

Esercizio 9: **1.** stia **2.** siano **3.** fosse **4.** fossero

Esercizio 10: **1.** gelosia **2.** stazione **3.** macchina **4.** sirena

Esercizio 11: **1.** in **2.** in **3.** a **4.** ai **5.** in **6.** a

Esercizio 12: **1.** loro danno **2.** voi decidiate **3.** loro erano **4.** io farò

Esercizio 13: **1.** Penso che oggi faccia bel tempo.
2. Penso che Ludovico sappia quello che fa.
3. Penso che il commissario Malvisto abbia un bel nome.
4. Penso che la zia di Ludovico stia meglio.

Esercizio 14: **1.** e **2.** c **3.** a **4.** b **5.** d

Esercizio 15: **1.** smetti **2.** andate **3.** cerca **4.** basta

Esercizio 16: **1.** sposato **2.** tristezza **3.** cuore **4.** bicchiere **5.** frigorifero

Esercizio 17: **1.** al, degli **2.** a, per **3.** da, a/su **4.** sugli, sulla, di **5.** di, con

Esercizio 18: **1.** sia **2.** fosse **3.** può **4.** tornasse **5.** sta

Esercizio 19: **1.** Rosa, mi passeresti il sale per favore?
2. Ludovico, mi aiuteresti ad apparecchiare la tavola?
3. Giacinto, torneresti a cena stasera?
4. Rosa, potresti smettere di pensare sempre al lavoro?
5. Olga e Matilde, potreste smettere di ridere?

Esercizio 20: **1.** b **2.** a **3.** f **4.** g **5.** h **6.** e **7.** c **8.** d

Test finale

Esercizio 1: **1.** e **2.** c **3.** a **4.** b **5.** d

Esercizio 2: **1.** di **2.** a **3.** della **4.** di

Esercizio 3: **1.** vero **2.** falso (Il commissario Malvisto lavora normalmente a Milano.) **3.** falso (Olga, la badante, è colpevole.) **4.** falso (Rosa e il commissario Malvisto sono colleghi.)
5. vero **6.** falso (Il commissario Malvisto odia i giacinti.) **7.** vero

Esercizio 4: **1.** spegnere la **2.** navigare **3.** leggere il
4. accendere il **5.** sentire la **6.** rispondere al

Esercizio 5: **1.** hanno litigato **2.** ha aiutato **3.** ha cercato
4. ha tradito, ha cacciato

Esercizio 6: **1.** b **2.** b **3.** a **4.** a

Esercizio 7: **1.** ci **2.** ne **3.** ne **4.** Ci **5.** ne **6.** ne

Esercizio 8: **1.** la dottoressa **2.** la infermiera **3.** la badante **4.** la professoressa **5.** la consulente

Esercizio 9:

1						**V**	O	R	R	E	S	T	I
2	D	O	V	R	E	**I**							
3						**V**	E	D	R	E	M	M	O
4		V	E	R	R	**R**	E	M	M	O			
5					V	**E**	D	R	E	I			
6						**S**	A	P	R	E	B	B	E
7	F	A	R	E	S	**T**	I						
8					D	**I**	R	E	B	B	E	R	O

Lösungswort: Vivresti in Italia?

Glossario

f = weiblich
m = männlich
irr = unregelmäßiges Verb
ϟ = umgangssprachlich

abbandonare	*hier:* aussetzen; verlassen
abbracciare	umarmen
accaduto *m*	Vorfall
accalcarsi	sich drängen
accanito	verbissen
accarezzare	streicheln
acceccato	geblendet
accertato	bestätigt
acceso	leuchtend
accesso *m*	Zugang
accogliere *irr*	aufnehmen
accomodarsi	Platz nehmen
accostare	*hier:* parken; rücken
adorarsi	sich lieben
affezionato	*hier:* treu
affidamento *m*	Pflegschaft
affidare	(sich) anvertrauen
affrettarsi	sich beeilen

aggiornarsi	sich auf dem Laufenden halten
aggiungere *irr*	hinzufügen
aggrappare	klammern
agitare	*hier:* bewegen; unruhig werden
al volo	flugs
alquanto	ziemlich
allibito	verblüfft
allontanarsi	sich entfernen
ammanettare qu.	jmd. Handschellen anlegen
ammettere *irr*	zugeben
ammonire	warnen
annebbiato	benebelt
ansioso	besorgt
anziano	alt
apparire *irr*	erscheinen
arrossire	erröten
assalire	überhäufen
assassino/a *m/f*	Mörder(in)
assonnato	verschlafen
avanzare	sich fortbewegen
avanzato	übriggeblieben
avvelenare	vergiften
avventurarsi (da qualche parte)	sich (irgendwohin) wagen
avvicinarsi	sich nähern
avvisare qc.	jmd. benachrichtigen, Bescheid geben
avvoltoio *m*	Geier

azzardare	wagen
badante *m/f*	(private/r) Krankenpfleger(in)
balbettare	stottern
battuta *f*	*hier:* Satz; Scherz
botta *f*	Schlag
brezza *f*	Brise
bruciare	brennen
bugia *f*	Lüge
campanello *m*	Klingel
capitare	passieren
casa *f* **popolare**	Sozialwohnung
casacca *f*	Kittel
cassonetto *m*	Müllcontainer
Ci penso io!	Ich kümmere mich darum!
ciecamente	blindlings
cimitero *m*	Friedhof
codardo *m*	Feigling
coincidenza *f*	Zufall
colpo *m* **di arma da fuoco**	(Waffen)schuss
combattere	bekämpfen
condividere *irr*	teilen
confessare	gestehen
confidarsi	sich anvertrauen
confondere *irr*	*hier:* verunsichern
confronto *m*	Auseinandersetzung
conquistare	erobern
consulente *m/f*	Berater(in)
contraddire *irr*	widersprechen

copertina *f*	Titelblatt, Cover
corrispondere *irr*	*hier:* entsprechen
dappertutto	überall
dare *irr* **fastidio**	stören
dato che	da
deceduto	verstorben
decesso *m*	Todesfall
denunciare	anzeigen
di malavoglia	widerwillig
di recente	kürzlich
di scatto	ruckartig
di sfuggito	flüchtig
di soprassalto	plötzlich
diffidenza *f*	Misstrauen
diffondere *irr*	verbreiten
discolpare	(von der Schuld) entlasten
disintossicarsi	*hier:* sich (von Drogen) entgiften
disposto	bereit
disprezzo *m*	Verachtung
distrutto	*hier:* gebrochen; zerstört
doppiopetto *m*	Zweireiher
ebbene	nun gut
entrambi/e	beide
erede *m/f*	Erbe, Erbin
esclamare	ausrufen
esortare	auffordern
evidenziare	betonen
fallire	versagen
farci *irr* **caso**	bemerken

fare *irr* **cenno**	einen Wink geben
farsi *irr* **gli affari propri**	sich um die eigenen Angelegenheiten kümmern
ferito	verletzt
fermo	*hier:* standhaft
festino *m*	Fest, Party
fidarsi di qu.	jmd. vertrauen
folto	dicht
folla *f*	Menschenmasse
folle *m/f*	Verrückte(r)
fornire	*hier:* geben
fronte *f*	Stirn
fulminare	durchbohren
giurare	schwören
godersi	genießen
graffiare	kratzen
imbarazzato	verlegen
imbattersi in qu.	auf jmd. stoßen
implorare	flehen
imporre *irr*	vorschreiben
impresso	eingeprägt
in ansia	besorgt
in fin dei conti	schließlich
in precedenza	vorher
incalzante	*hier:* nachwippend
incalzare	(be)drängen
inciampare	stolpern
incomparabile	unvergleichlich
incrociarsi	sich überkreuzen

incupirsi	verdüstern
incurante	unbekümmert
indagare	ermitteln
indagine *f*	Ermittlung
indifeso	ungeschützt
indispettito	ungehalten, verärgert
indossare	anhaben
indovinare	raten
infastidito	verdrossen
infervorato	erhitzt, angespornt
infilarsi	sich dazwischenschieben
infuriato	wutentbrannt
innocente	unschuldig
inquietarsi	sich beunruhigen
inquilino/a *m/f*	Mieter(in), Hausbewohner(in)
inseguimento *m*	Verfolgung
insolente	frech, pampig
insospettirsi	Verdacht schöpfen
instancabile	unermüdlich
interrompere *irr*	unterbrechen
intimare	anordnen
invecchiare	alt werden
irrisolto	ungelöst
irrompere *irr*	einfallen, reinplatzen
lasciare in pace	in Ruhe lassen
lasciarsi sfuggire qc.	sich etw. entschlüpfen lassen
lenzuolo *m*	Bettlaken
luminosità *f*	Leuchtkraft
maniglia *f*	Griff

mensola *f*	Brett, Konsole
mentire	lügen
merito *m*	Verdienst
mettere *irr* **qu. a disagio**	jmd. Unbehagen bereiten
mettere *irr* **via**	wegräumen
minacciare	drohen
monte *m* **dei pegni**	Pfandverleih
mosca *f*	Fliege
narice *f*	Nasenloch
nascondere *irr*	*hier:* verheimlichen; verstecken
noto	bekannt
nudo	nackt
obbedire	gehorchen
obitorio *m*	Leichenhalle
odiare	hassen
ombra *f*	Schatten
ometto *m*	Dreikäsehoch
omicida *m/f*	Mörder(in)
omicidio *m*	Mord
osservare	beobachten
pallido	blass
passaparola *m*	Mund-zu-Mund-Propaganda
per conto proprio	*hier:* allein
pestare	treten
pigro	faul
pizzico *m*	Prise
poderoso	mächtig, gewaltig
prendere *irr* **di mira qu.**	jmd. aufs Korn nehmen
prendersela *irr*	sich ärgern

presupporre *irr*	vermuten
prigione *f*	Gefängnis
proporre *irr*	vorschlagen
pugno *m*	Faust
raccontare	erzählen
rallentare	langsamer werden
rammentare	erinnern
rassicurato	beruhigt
rattristato	betrübt
recarsi	sich begeben
rendersi *irr* **conto**	*hier:* bemerken
ressa *f*	Gedränge
ribattere	erwidern
riferirsi a qc.	sich auf etw. beziehen
rifugiarsi	flüchten
rigurgito *m*	Rückfall, Wiederausbruch
rintracciare	erreichen
riprendersi *irr* **da qc.**	sich von etw. erholen
riservare	*hier:* bereithalten
rivelare	enthüllen
rivista *f*	Zeitschrift
rozzo	derb, unkultiviert
russare	schnarchen
salsedine *f*	Salzigkeit
sbattere	zuschlagen
sbrigarsi	sich beeilen
scartato	verworfen
scatenato	entfesselt
sconsolato	trostlos

scontroso	abweisend, widerspenstig
sconvolto	erschüttert, bestürzt
⚡ **seccato**	genervt
sedurre *irr* **qu.**	jmd. verführen
senno *m*	Verstand
sentenziare	verkünden, beschließen
sentirsi a proprio agio	sich wohl fühlen
seta *f*	Seide
sguardo *m*	Blick
silenzio *m* **di tomba**	Grabesstille, Totenstille
slegare	entfesseln
smettere *irr*	aufhören
sofferenza *f*	Leid
solcare	durchziehen
somministrare	verabreichen
sorprendere *irr*	überraschen
sorridere *irr*	lächeln
sospetto *m*	Verdacht
sospetto	*hier:* verdächtig
sospiro *m*	Seufzer
sostenere *irr*	behaupten
sostituire	ersetzen
sotto copertura	undercover
sottolineare	*hier:* betonen; unterstreichen
spalancare	aufreißen
spalancarsi	auffliegen
spargere *irr*	verteilen
sparire	verschwinden
spaventato	erschrocken

spensierato	unbekümmert
sperperare	verplempern
spingere *irr*	schubsen
squillare	klingeln
stare per scappare	dabei sein zu flüchten, dabei sein zu entkommen
stizza *f*	Gereiztheit
stomaco *m*	Magen
strappare	(weg)ziehen, entreißen
stretta *f* **di mano**	Handschlag
stringere *irr*	drücken
sul retro	hinten
suolo *m*	Boden
supplicare	(an)flehen
sussultare	zusammenzucken
svelare	enthüllen
sventare qc.	etw. vereiteln
temere	fürchten
tessuto *m*	Stoff
testardo	dickköpfig
testimonianza *f*	Zeugenaussage
timore *m*	Angst, Furcht
ϟ **togliersi** *irr* **di mezzo**	aus dem Weg gehen
tormentare	quälen
torturato	gefoltert
tra sé e sé	im Stillen
traccia *f*	Spur
trambusto *m*	Gewühl, Durcheinander
trascorrere *irr*	verbringen

trattenersi	sich zurückhalten
travolto	überrannt, überwältigt
turno *m*	Schicht
tutelare	schützen
ubriaco	betrunken
uccidere *irr*	umbringen
vederne *irr* **di tutti i colori**	die unglaublichsten Dinge erleben/sehen
vedovo/a *m/f*	Witwe(r)
venire *irr* **a capo di qc.**	etw. bewältigen, mit etw. klarkommen
venire *irr* **a mancare**	versterben
venire *irr* **al dunque**	zur Sache kommen
ϟ **venire** *irr* **dalla gavetta**	sich von unten hocharbeiten
violentare	vergewaltigen
volante *m*	Lenkrad
volto *m*	Gesicht
vulnerabile	verletzlich
zitto	still

Indice degli esercizi

Test finale

Spannend Sprachen lernen

Speziell für Schüler*innen

ISBN 978-3-8174-4259-1

ISBN 978-3-8174-4258-4

ISBN 978-3-8174-4260-7

ISBN 978-3-8174-4360-4

Schüler-Lernkrimis

- spannende Geschichten, jugendnahe Themen
- mit vielen farbigen Illustrationen
- viele textbezogene Übungen in jedem Buch
- Infokästen zu Kultur und Sprache
- Online-Vokabeltraining mit phase6

www.circonverlag.de

ESCAPE

Rätseln, knobeln, Sprachen lernen

Wer die Rätsel löst, erfährt, wie die Geschichte weitergeht.

ISBN 978-3-8174-4339-0

ISBN 978-3-8174-4340-6

ISBN 978-3-8174-4361-1

ISBN 978-3-8174-4362-8

- interaktives Leseabenteuer mit Escape-Room-Feeling
- textbezogene Rätsel und Knobelaufgaben
- Tipps und Lösungen für alle Fälle
- Vokabelangaben auf jeder Seite
- viele farbige Fotos und Illustrationen
- beliebte Städte als Schauplatz der Geschichten
- Online-Vokabeltraining mit phase6

www.circonverlag.de

Unterhaltsam und spannend Sprachen lernen

Abwechslungsreiche **Lektüren von Krimi bis Kurzgeschichten**

Gemeinsamer Europäischer Referenzrahmen A1–C1

› in über zehn Sprachen
› mit über 150 Titeln
› verfasst von Muttersprachlern
› von ganz leicht bis anspruchsvoll

Hier können Sie das aktuelle Verlagsprogramm einsehen und Ihren Wunschtitel gleich online bestellen:

www.circonverlag.de

circon